中国这么美的30个自治州

带一本书去
大理

魏策 刘诺一 著

中国民族文化出版社
北京

诗意大理 杨继培/摄

序言

苍洱之间 王一非 / 摄

序言

彩云之南的大理，是一个充满诗意的栖居地，宛如一幅流动的水墨画，轻轻地铺展在云贵高原之上。这里有古朴的城楼，有白族的风情，有苍山洱海的壮丽，更有那份岁月静好的唯美。这里充满了浪漫因子，传说中浸润了风花雪月；这里到处是深深的历史文蕴，秀美无俦的景致后，随处可见千年岁月镌刻的痕迹。

在大理，脚步会慢下来，心会飞起来。

大理的早晨，是被轻柔的晨雾和温暖的阳光唤醒的。古城的石板路上，偶尔有几位老者悠然地踱步，脸上的皱纹里藏着岁月的故事；街角的茶馆里，飘荡着淡淡的茶香和悠扬的民谣。大理的早晨，静谧而生动。

午后的阳光斜照在苍山的雪峰上，映出一片片金色的光芒。山脚下，洱海波光粼粼，宛如一面巨大的镜子，映照着天空的蓝和苍山的绿。一艘小船悠悠地划过水面，留下一道长长的波纹。大理的午后，宁静而深邃。

傍晚的大理，更是美得如梦如幻。夕阳的余晖洒在古城的红墙黛瓦上，渲染出古老而浪漫的气质；远处，苍山如黛，洱海如镜，一切仿佛被金色的阳光温柔地包裹。傍晚的大理，宛如一位淡妆素裹的女子，静静地坐在高原之上，享受着岁月的恩赐。

大理的夜晚，是星辰和月光的盛宴。古城的灯火阑珊处，偶尔传来几声悠扬的笛声或歌声。大理的夜晚，神秘而迷人。

在这片星空下，人们可以忘记尘世的烦恼，只留下心中那份纯净和美好。

大理，一个让人心生向往的地方。这里有古朴的韵味、自然的壮丽，岁月静好，可待心灵归栖。

目录 | CONTENTS

CHAPTER 01
大理：有一种千年邂逅，叫作风花雪月

3　　　大理的 1 市 11 县
11　　"风花雪月"四绝奇景
18　　看云，追光，听风

CHAPTER 02
在大理，与美景撞个满怀

26　　崇圣寺三塔：妙香佛国，千年偈颂
42　　蝴蝶泉：云弄峰前泉照影，迷离蝶树千蝴蝶
47　　张家花园：梦幻白族民居
52　　巍山古城：南诏遗风今犹在
54　　古城剑川：历史的雕琢
58　　沙溪古镇：与茶马古道重逢
60　　石宝山：自然与人文的璀璨交汇
62　　鸡足山：追寻宁静与禅意
64　　石门关与云上山庄：雄奇与唯美的浪漫邂逅

CHAPTER 03
大理苍山：风云变幻间的仙境寻觅

74　　苍山大索道：点苍绝顶会当凌，千年南诏一梦回
77　　洗马潭：停鞭洗马，千秋水利
83　　七龙女池：神女沐浴，公主望夫
88　　清碧溪：销魂清碧溪，匹练界青山
92　　感通寺：荡山佛寺郁嵯峨，树色溪声云气多
98　　寂照庵：曲径通幽处，禅房花木深
102　　天龙八部影视城：快意江湖，武侠一梦

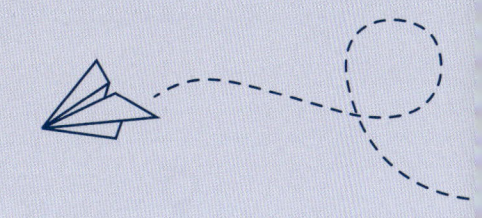

CHAPTER 04
洱海：神仙何处游，云山晴归舟

- 116 　洱海公园：开启苍洱之旅
- 117 　兴盛大桥：与夕阳约会
- 120 　云想山：霞影入夜

CHAPTER 05
海西骑行：用最亲密的方式拥抱自然

- 126 　生态廊道：人与湖的共栖空间
- 128 　洱海月湿地公园：观鸟赏湖
- 132 　三圣岛：洱海之心
- 134 　龙龛码头：等一场最美的日出
- 136 　才村：在洱海边听潮观海的白族渔村
- 139 　磻溪S湾：转角遇到爱
- 140 　廊桥：岁月的风景
- 141 　海舌公园：宁静的海滨绿洲
- 143 　桃源码头：环海西路行的句点

CHAPTER 06
海东自驾：让心飞驰在山水间

- 146 　双廊：梦开始的地方
- 154 　金梭岛：神女投梭
- 156 　挖色小普陀：洱海之印
- 158 　文笔村：大理小镰仓

CHAPTER 07
大理古城：穿越时光巷道，感受千年之美

- 163 　古城前世：中华六朝古都，千年国际陆港
- 165 　古城今生：时光中的棋盘，纵横流动的景致
- 168 　文献楼：古代文化之光
- 170 　南门楼：承载古城记忆的丰碑
- 172 　五华楼：曾经的"国宾馆"
- 173 　多彩红龙井：清泉石上流
- 175 　人民路：繁华又文艺是它的标签
- 177 　洋人街：中外文化碰撞的活力街区
- 178 　玉洱路：古城人的秘密花园

CHAPTER 08
漫步喜洲：白族风情第一古镇

- 182 　历史上的喜洲
- 185 　风吹麦浪，四时风光不同
- 189 　独具一格的民居建筑——白族大院

CHAPTER 09
非物质文化：匠人匠心，民族传承

- 197 　下关沱茶：洱畔金韵
- 197 　大理咖啡：古树醇香
- 199 　周城白族扎染：蓝染时光
- 200 　剑川木雕：滇南木语
- 202 　瓦猫：屋顶守护者
- 203 　凤羽砚台：墨香留影
- 204 　三月街：一街赶千年
- 206 　白族绕三灵：狂欢盛会
- 207 　白族火把节：一天星斗落人间
- 209 　剑川石宝山歌会：以歌觅偶
- 210 　白剧：山花戏韵
- 211 　霸王鞭：五谷丰登舞
- 212 　南涧彝族跳菜：舞盘盛宴
- 213 　白族服饰：风花雪月

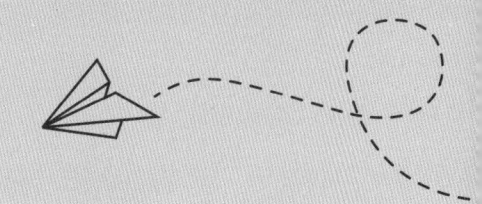

CHAPTER 10
喧嚣市集：最爱那人间烟火气

- 218 　传统市集
- 221 　创意文艺市集
- 222 　床单厂艺术区
- 224 　北门菜市场
- 227 　南门菜市场

CHAPTER 11
食在大理：舌尖上的"非遗"

- 232 　生皮，拒绝回锅的特色肉食
- 233 　喝三道茶，品人生三味
- 235 　诺邓火腿，"盐值"高
- 236 　砂锅鱼，大理名菜
- 238 　喜洲破酥粑粑，大理美食名片
- 239 　到"蘑界"，吃菌子火锅
- 242 　在大理，米的 N 种吃法
- 244 　大理，那些神奇的果子
- 246 　乳扇，大理奶酪
- 248 　永平黄焖鸡，街上的"霸主"

CHAPTER 12
民宿：万种风情，一定有你的心头好

- 252 　古城：市井繁华，爱热闹首选
- 253 　海西：陪你一起看日出
- 255 　海东：落日余晖中的美丽剪影
- 257 　喜洲：成为"网红"的千年古镇

后记

大理·风花雪月 杨继培/摄

CHAPTER 01

大理：有一种千年邂逅，叫作风花雪月

苍山洱海间，浩渺的山水存在了数亿年，奇异震撼的自然景观让人们领略到了不一样的美。

■ 带一本书去大理

　　大理白族自治州历史源远流长。秦入版图，汉设郡县，隋置昆州。唐朝时期，以大理地区为中心，先后建立了南诏和大理国。公元 738 年，南诏第四代王皮罗阁在李唐王朝的支持下，吞并了其他五诏和小部落，筑太和城为都。937 年，通海节度使段思平率军攻占大理城，建立新政权，国号"大理"。1253 年，忽必烈率蒙古铁骑灭大理国，大理地区回归中央政权。元朝在云南设立中书行省，行省治所东移到昆明，同时设立大理路及太和县，此后云南的中心城市便由大理转移到了昆明。1913 年裁撤大理府，太和县改名为大理县。1950 年，大理专员公署正式成立。1956 年，经国务院批准，撤销大理专区，成立大理白族自治州。

大理的 1 市 11 县

地域上的大理，不只是人们印象中白族自治州政治中心的下关镇和作为旅游中心的大理古城，而是自治州所辖的 1 市 11 县，涵盖苍山洱海的大理市，以及祥云、宾川、弥渡、永平、云龙、洱源、剑川、鹤庆 8 个县和 3 个民族自治县，漾濞彝族自治县、南涧彝族自治县、巍山彝族回族自治县。

大理市，位于大理白族自治州中部，是大理州的首府。1983 年，大理县和下关市合并，成立大理市。作为古代南诏国和大理国的都城，这里是古代云南地区的政治、经济和文化中心。境内

诗意苍洱 杨继培 / 摄

■ 带一本书去大理

南涧·樱花谷 杨继培/摄

大理：有一种千年邂逅，叫作风花雪月

弥渡·花灯 杨继培/摄

祥云·尝新节 杨继培/摄

漾濞·核桃之乡 杨继培/摄

主要景点有苍山、洱海和大理古城。

祥云县，位于大理州东部，是最早被称为"云南"的地方，早在西汉时期，就因境内天空常常出现美丽的七彩祥云，被赞"彩云南现，县在云之南"，设"云南县"。

宾川县，位于大理州东部，作为《徐霞客游记》的收篇之地，境内有国家4A级风景名胜区鸡足山，将近4000年历史的白羊村新石器遗址、州城文庙武庙、上沧本主庙、平川杨氏宗祠等景点。盛产葡萄和柑橘。

弥渡县，古有"六诏咽喉"之称，现以"花灯之乡"和"民歌之乡"著称。脍炙人口的花灯名曲《弥渡山歌》《绣荷包》，以及有"东方小夜曲"之称的《小河淌水》皆出自弥渡。2011年，

洱源·泛舟西湖 杨继培/摄

鹤庆·奇峰梨花 杨继培／摄

弥渡民歌入选第三批国家级非物质文化遗产名录。境内风景优美，古迹众多，有铁柱庙、天生桥等景点。

永平县，是大理州的"西大门"，境内有永国寺、凤鸣桥、宝台山国家森林公园等景点。"西南丝绸之路"中最重要的一段——博南古道在永平境内保存相对完好，沿途人文古迹、自然风光众多，如万松庵、玉皇阁等。特产泡核桃、大红花椒、磨盘柿等。

云龙县，位于大理州西北部。境内的诺邓村有"千年白族村"之称，诺邓土建筑群包括寺观、盐井、村巷街道等，保存完好，有"中国历史文化名村"和"中国十大景观村落"之称。云龙特产众多，除了大名鼎鼎的诺邓火腿，麦地湾梨、云龙茶、云龙矮

■带一本书去大理

宾川·水果之乡 杨继培/摄

永平·牧歌 杨继培/摄

云龙·彝族人家 杨继培/摄

剑川·红心洋芋 杨继培/摄

脚鸡等也值得一尝。

洱源县，位于大理州北部，是高原明珠洱海的发源地，物产丰富，享有"梅子之乡""乳牛之乡""温泉之乡""兰花之乡"等诸多美誉。大理地热国景区、茈碧湖、大理西湖、洱源东湖风光旖旎，洱源梅子、乳扇美味可口。凭借白族唢呐被文化部命名为"中国民间艺术之乡"，境内还有钟灵遗址、旧州三塔等名胜古迹。

剑川县，在大理州北部，有"白曲之乡"的美誉，是白族民间歌谣主要发祥地。剑川兰花颇负盛名，画毡则是当地白族特有的民间工艺品。境内有沙溪古镇、宝相寺、石宝山、寺登街、石钟山石窟、海云居等风景名胜。

鹤庆县，是一个美丽梦幻的高原水乡，境内有许多各具特色的水潭。有观鸟胜地鹤庆东草海国家湿地公园、始建于明正德年间的云鹤楼（原名安丰楼）、风光秀丽的"银都水乡"新华白族旅游村等，都值得一游。

漾濞彝族自治县，位于大理州中部，点苍山之西。辖区内有被称为"苍洱文化之源"的苍山古崖画，距今已有3000多年历史。云龙桥是有史书记载的世界最古老的铁索桥。作为省级历史文化名城，漾濞曾是茶马古道、南方陆上丝绸之路历史上的重镇。漾濞核桃名闻遐迩，被称为"核桃之乡"。

南涧彝族自治县，位于大理州南端。"南涧"之名，源于唐代，只因山间夹水，形似大涧槽，故而得名。境内有永安古桥、白云寺、无量山国家级自然保护区、灵宝山国家级森林公园等风景名胜。南涧无量山乌骨鸡肉质细嫩，南涧绿茶高香味醇，锅巴油粉口感独特，都是不容错过的好味道。

巍山彝族回族自治县，位于大理州南部，矿产资源丰富，有锑矿、铜矿、金矿、铁矿、铅锌矿、石膏矿等。境内有巍山古城、巍宝山、南诏国第一座都城遗址——垅圩图山城址、鸟道雄关、红河源、巍山清真寺群、青华绿孔雀自然保护区、巍山永济桥等景点。巍山红雪梨、巍山兰花颇负盛名。

在低纬度、高海拔地理条件等多因素影响下，大理植被丰富，动物种类繁多，自然景观多样。这里四季温差小，寒暑适中，人们在这里喝茶，种花，心态平和地过着慢调生活。大理被赋予"理想国""诗和远方""逃离城市""气候避难所"等标签，成为游人心中向往的"别处"，吸引着越来越多的人前来探索新的生活方式。

"风花雪月"四绝奇景

位于云南中部偏西、地处云贵高原与横断山脉结合部位的大理，因其独特的地势地形孕育出"风花雪月"的奇景——下关风、上关花、苍山雪、洱海月。聪慧可爱的大理人民将其演绎出了一个个浪漫美丽的传说。

下关风
下关作为大理市政治、经济、交通中心，也被称为"风城"。下关风是苍山、洱海之间主要的风源，风期之长、风力之强世所罕见，一年中8级以上大风天超过35天，最大风速达到10级（能够拔起树木）。冬、春为风季，有时甚至行人都会被吹得站立不稳，夏、秋季节风力稍小。

关于"下关风为何这么大"，还有个传说。相传，在苍山的斜阳峰上有一只白狐，修炼多年后化为美丽的少女，和下关的一位白族书生彼此倾心。后来，他们相恋的事被洱海罗荃寺的罗荃法师知道，人妖殊途，法师不许二人继续交往。但是书生不肯背弃白狐，法师一怒之下将他打入洱海最深处。狐女为救书生，去南海向观音菩萨求助。观音怜其真挚，又觉得书生无辜，于是给了她六瓶风，让她去将洱海水吹干，救出书生。狐女回到下关天生桥时，被罗荃法师暗算，摔倒打碎了五瓶风，于是大风都聚集在桥上。此后，下关总是会刮特别大的风。

科学的解释是，绵延百里的苍山十九峰太高，挡住了东西两面的空气对流，而下关位于洱海南端，苍山和哀牢山之间长长的山谷的入口处两山狭窄，中间形成槽型，吹进去的风会上窜下跌，有时还会回旋，这就产生了一些神奇的自然现象。比如，行人迎风前行，风吹帽落，按理帽子应该掉在身后，但是在下关，帽子却会落到前面，十分有意思。

上关花

上关位于洱海北端，是一片开阔平整的草原，这里气候温暖湿润，"冬止于凉，暑止于温"，最适宜花木生长。

大理四景中，"风""雪""月"都无争议，唯有这个"花"，历来众说纷纭，有说是茶花，也有说是兰花。

大理：有一种千年邂逅，叫作风花雪月

　　传说当年有妇人难产，仙翁赐一粒宝珠令她含在口中，保她母子平安。这妇人平安生产后，不慎将宝珠掉落。宝珠一落地便长出了一株奇异的花树，"其花黄白色，大如莲，开时香闻甚远，士人谓之十里香"。据《大理府志》记载："……花树高六丈，其质似桂，其花白，每朵十二瓣，应十二月，遇闰月则多一瓣。俗以仙人遗种，在大理府和山之麓，士人因以其地名之。"由于花开时香气扑鼻，花谢后果壳黑硬，可做朝珠，故而也叫"朝珠花"。每次花开观者如云，有贪官污吏便趁机勒索敲诈百姓，百姓苦不堪言，干脆偷偷将花树砍掉。明朝旅行家、地理学家徐霞客也曾慕名而来，不过据说他也未能亲眼见到上关花，这也令神秘的上关花越发使人着迷。

　　不过，勤劳多情的白族人民爱花养花，早已成为习俗。如今

大理茶花　杨继培／摄

■ 带一本书去大理

大理花卉品种繁多，仅茶花就有40余个品种，著名武侠小说家金庸还在《天龙八部》中描绘了一些世所罕见的茶花异种。

如今的上关，一年四季，处处鲜花，姹紫嫣红，"上关花"名副其实。

苍山雪

苍山山顶积雪终年不化，人称"苍山雪"。这是由于苍山十九峰，每一座山峰的海拔都在3500米以上，最高的马龙峰甚至达到4122米。由于海拔很高，峰顶十分寒冷，所以峰顶才会一年四季白雪皑皑、银装素裹。

勤劳善良的白族人民，也为苍山雪安排了一个动人的"身世传说"。

苍山雪 马玺皓/摄

传说很久很久以前，有一个瘟神来到大理坝子，想要残害人民。有一对勇敢的兄妹为了使乡亲们免遭瘟神荼毒，就到观音菩萨那里去学习驱逐瘟神的法术。兄妹俩学成之后将瘟神赶到苍山山顶，埋在雪里冻住了。可是第二年开春，积雪开始慢慢融化，瘟神也有死灰复燃的迹象。为了使瘟神永不复生，妹妹化身为雪神，永驻苍山山顶，牢牢镇住瘟神，保护了这一方土地的人民。从此以后，苍山上便有了终年不化的"苍山雪"。

洱海月

"洱海月"作为大理四大名景之一，自然有其特别之处，非寻常月色可比。明代诗人冯时可在《滇西记略》里道出了其中原委：洱海之奇在于"日月与星，比别处倍大而更明"。尤其是每年农历八月十五中秋节之夜，洱海上天光、云彩、明月和湖水交相辉映，宛如一幅绝美的工笔画卷。届时，居住在苍洱之间的各族人民会齐聚洱海赏月。

早年间，人们还可以划着木船，泛舟洱海。在湖心，只见"湖光秋月两相和，潭面无风镜未磨"。天空像一匹墨蓝的丝绸，玉盘高悬其上，皎洁明亮，灿然生辉；湖水如一块深紫的琉璃，月影如轮，浮光摇金，清辉粼粼。海天明月互相辉映，形成天地苍穹倒转的景观，一时间，竟让人分不清是天上的月亮掉入湖中，还是湖中的月儿升上夜空。

洱海的月是金色的，与别处的月色不同。传说有一位天宫的公主，因为羡慕人间的幸福生活，私自下凡来到洱海边上的渔村，与一个捕鱼少年结为夫妇。为了让渔民们过上丰衣足食的好日子，

洱海月 杨继培/摄

每次出洱海捕鱼时，公主就将自己的宝镜沉入洱海底，把鱼群照得一清二楚，渔民们就能捕到更多的鱼。后来，公主被她的父王强行带回天上，临走时，公主剪断了腰带上宝镜的系绳，将它永远沉在水里。从此以后，宝镜就在湖底变成了金月亮，每到夜里就放射出耀眼的金光，形成"洱海月"的奇妙美景。

看云，追光，听风

来大理，一定要看看千变万化的云和无处不在的丁达尔效应，这种神秘而美丽的自然现象，是大理的专属浪漫。

大理独特的地形，对云层的形成和演变起了重要作用：苍山和洱海的海拔落差，高大山峰和溪流的相互影响，加上洱海提供源源不绝的水汽，使得大理的云有了无限可能。萦绕着苍山的云缥缈随意，聚散无常，很随性地跟着风的方向移动，云景奇异，除了大名鼎鼎的"玉带云""望夫云"，还有很多云彩令人惊艳——

大理的火烧云，热烈明艳，常在日出或日落时出现，红彤彤的赤色云霞漫天渲染，仿佛将整个天空都点燃了。

璀璨梦幻得犹如来自童话世界的七彩云，是阳光给云彩穿上了华丽的衣裳；此外，还有蘑菇云、飞碟云、罗汉云……

可以说，大理的每一片云彩都有自己独特的魅力，每次抬头仰望，天空都会给你惊喜。

丁达尔光，是摄影人梦寐以求的美景，在大理，"追光"变得容易起来。这里的云如此丰润，一束束阳光穿过云层，犹如一条条明亮的"通路",连接天地,光芒与苍山洱海交相辉映,视觉效果震撼。

来这里,要感受一下气象万千、别具一格的大理。从青藏高原奔涌而来的气流,被南北走向的苍山拦截时,一部分气流会从正对着南端的下关峡谷挤出,感受过急速的峡谷流,就会彻底读懂下关的风。

春天要去上关观赏枝头绽放的茶花、杜鹃花,去打卡铺地的花海;冬天要去造访银装素裹的苍山,在4000米的高海拔处观赏雾凇雪景;傍晚可以去洱海泛舟,湖水荡漾起伏,映着苍山负雪和皎皎明月。

苍山洱海间,伟岸的山和浩渺的水存在了数亿年,奇异震撼的自然景观让人们领略到了不一样的美。在这里,大自然的伟力让人顿觉自己是如此渺小。

大理飞碟云 杨继培/摄

国家A

THE CHONGSHENG TEMPLE AND THE TH

崇圣寺三塔和玉带云 飞翔的荷兰人 / 摄

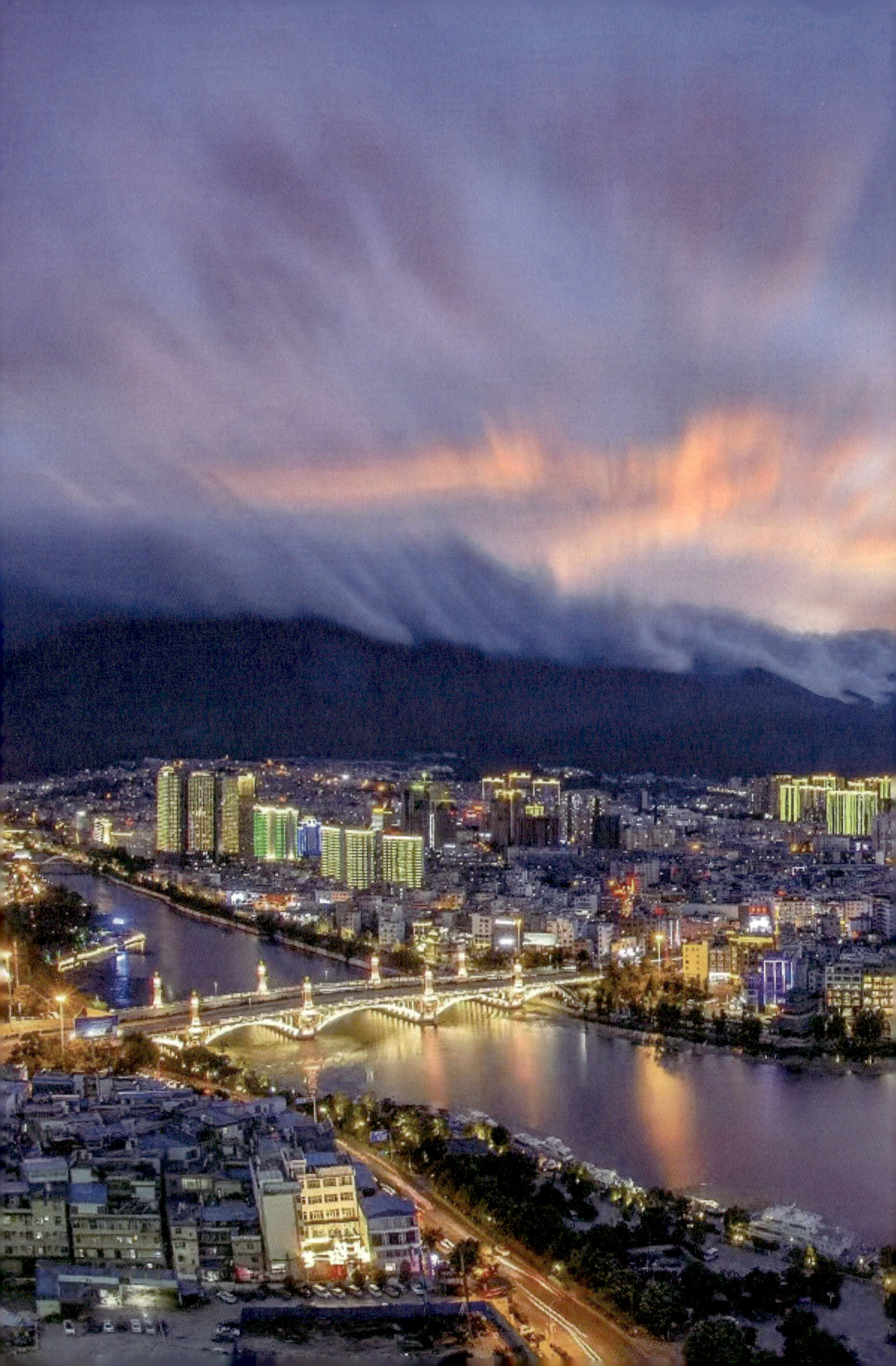

苍洱夜色 杨继培 / 摄

CHAPTER 02

在大理,
与美景撞个满怀

大理冬季止于凉,夏季止于温,四季气候宜人,风景四时不同,无论何时游赏都不会令你失望。

背倚苍山的崇圣寺 飞翔的荷兰人/摄

苍山、洱海，刚柔相济，珠联璧合，共同守护着这片土地。站在苍山脚下，震撼于山的巍峨持重；站在洱海边远眺，体会到它的深远。苍山洱海周边，有更多精彩的风景围绕，它们像一颗颗明珠，点缀着2.9万平方千米的大理。

大理冬季止于凉，夏季止于温，四季气候宜人，风景四时不同，无论何时游赏都不会令你失望。

崇圣寺三塔：妙香佛国，千年偈颂

"三塔凝碧玉，崇圣耸苍岑"。作为大理当前唯一的国家5A级景区，崇圣寺三塔，不论是悠久的历史、深厚的文化内涵，还是独特的建筑艺术价值，都是十分值得观赏的。

崇圣寺三塔文化旅游区位于大理古城西北方1500米处，地理位置甚是优越，背倚苍山，面朝洱海，景致怡人，汇聚大理山水灵气，独钟造化神秀。

崇圣寺始建于唐开元年间（713—741），后经历代扩建，到宋代大理国时期最为辉煌，有"基方七里，为屋八百九十间，佛一万一千四百尊，用铜四万五百五十斛，有三阁、七楼、九殿、百厦"，颇为壮观，成为"佛国"大理的代表寺院之一。金庸武侠小说《天龙八部》中的"天龙寺"，便是以崇圣寺为原型的。

南诏国时期，唐德宗贞元十八年（802），骠国（今缅甸）国王雍羌和王子舒难陀，在南诏王异牟寻的陪同下，前往崇圣寺祈拜敬香。北宋嘉祐元年（1056），暹罗（今泰国）国王耶多

崇圣寺三塔 廖冲霄 / 摄

曾两次到崇圣寺迎佛牙，大理国王段思廉以玉佛相赠。此后崇圣寺三塔成为东南亚、南亚崇尚的"佛都"。

崇圣寺闻名于世，除了建筑规模宏大，更重要的是，它曾拥有五大重器：三塔、南诏建极大钟、雨铜观音像、元代"佛都"匾额、明代"三圣金像"。

不过可惜的是，崇圣寺和另外四大重器的"原身"都在岁月的长河中毁坏消逝，只余下颇有传奇色彩的重器之首："三塔"。

三塔：入云雁塔星辰近

三塔始建于南诏王劝丰祐时期（824—859）。三塔分为一座主塔和两座小塔，呈"品"字形排列。主塔先建，它的名字浪漫美丽又颇有气势，叫作"千寻塔"（全称是"法界通灵明道乘塔"）。"寻"是古代的一种计量高度的单位，一寻约为八尺；"千寻"，便是很高的意思。由于千寻塔建造时期，正是中原的唐代，所以塔身外观形似纺锤，线条圆润，具有典型的唐代建筑风格。和西安的小雁塔结构相似，是方形密檐式空心砖塔，塔心内有井字形木梯，可以攀缘而上，直至塔顶。千寻塔塔高69.13米，是我国现存唐代古塔中较高之一；共有16层，亦是我国少有的层数较高的偶数层塔。

中国境内的古塔多为单数层，至于千寻塔为何是偶数层，或许是因为白族长期处于母系氏族社会之中，女性有较高的社会地位，"重女不轻男"，而男为奇、女为偶，所以不只这座千寻塔，大理境内很多塔都建成了偶数层数。

南北的两座小塔建于宋代大理国段正严、段正兴时期

（1108—1172），距今已将近千年。两座小塔相距97米，距离千寻塔均为70米，与主塔形成了三足鼎立之态。两座小塔的形制相同，都是典型的宋塔建筑风格，外观轮廓为锥形，每座塔均有10层，高均为42.19米，为八角形密檐式砖塔。

传说很多年前，大理国是泽国，境内颇多河川湖溪，因有恶龙作祟，故而水患频发，让大理人民苦不堪言。有高人指点，在此水脉汇合之处建塔，再于塔上设金翅鸟，可以镇龙辟邪，保风调雨顺、河清海晏。

原来恶龙无所畏惧，唯独惧怕金翅鸟。据古书《观佛三昧海经》所述，这金翅鸟又名"大鹏金翅鸟"，梵语名为"迦楼罗"。据说它体型巨大，颇有神通。性情凶暴的金翅鸟居住在大铁树上，以龙为食，甚至一天就能吃掉一个龙王和500条小龙，可谓是龙的天敌。

据明人李元阳所著《云南通志·寺观志》中所述，崇圣寺三塔"错金为顶，顶有金鹏。世传龙性敬塔而畏鹏，大理旧为龙泽，故以此镇之。"由此可见，当时三塔塔顶上都曾各铸有金翅鸟。而在1978年，千寻塔修缮过程中，也在塔顶的木质经幢中发现还供奉着一只做工精湛的金翅鸟。据考证，这只展翅欲飞的金翅鸟乃是大理国时期（宋代）文物，采用的是银鎏金工艺，鸟身羽毛纹理刻画细腻，头光灿然；其如火焰一般的镂空尾羽上还镶有五颗晶莹剔透的水晶宝珠，让整个雕像看起来流光溢彩、华美绝伦。这只金翅鸟体量并不大，高约19厘米，重125克，可是它头部微侧、双目怒睁，利爪有力地抓踏在莲花之上，这威仪十足、栩栩如生的神态，让小巧的金翅鸟释放出一股强大的震慑力和压

▎带一本书去大理

在大理，与美景撞个满怀

屹立至今的崇圣寺三塔 吴下小雎 / 摄

迫感。

大鹏金翅鸟作为白族人民的护法神，在大理享有很高的地位。今天我们称呼白族男子为"阿鹏"，白族女子为"金花"，皆是源自大鹏金翅鸟。同时，我们由这只庄重华美的大理国银鎏金嵌宝珠金翅鸟不难看出，当时大理国的金银器制作技术已是炉火纯青，审美艺术也达到了相当高的水准。

在千寻塔前朝东的照壁上，有"永镇山川"四个石刻汉字，原是由明代黔国公沐英之孙沐世阶所写。沐英曾被朱元璋收为义子。沐世阶题下这四个字，既是期望风调雨顺的美好祈愿，也是向大明王朝表达，沐家子孙会为明王朝世代镇守云南的忠心。而今，这四个字中，唯余"川"字是真迹，其余"永镇山"三字已在地震中被毁，游客现在所看到的是后人补刻的。

崇圣寺：千年皇家寺，梵呗洗心忧

大理国内史《大理国僧分五类》载："蒙氏崇道敬佛，而于城西建八大寺、四道观。其中最壮观为崇圣寺，国师居寺中"。到了南诏劝丰祐时，重用海寿大法师。法师献策："以南诏为佛国，重修崇圣寺为护国大崇圣寺"。

由此可见，崇圣寺是大理历史上有据可考、首个规模宏大的寺院。作为皇家寺院，在大理国的历代22位帝王中，前后竟有9位帝王曾在此出家修行。因为当时的皇帝是段氏，所以这座皇家寺庙也被称为"段家庙"。

金庸小说《天龙八部》中所说的段王爷原型为大理国中宗文安帝段正淳；而书中那位痴情王子段誉的原型乃是段和誉（也就

在大理，与美景撞个满怀

崇圣寺三塔前面的金翅鸟广场 吴下小睢 / 摄

是段正严），在位 40 年，终年 94 岁。这父子二人都先后禅位，出家为僧。

段和誉是大理国在位时间最长、寿命也最长的君王，他曾多次遣使前往宋朝进贡。北宋政和七年（1117），宋朝正式册封段和誉为"金紫光禄大夫、检校司空、云南节度使、上柱国、大理国王"，大理国从此开启了正式与中原宋朝的外交关系，从而也更好地维系了南方丝绸之路的畅通，缔造了西南一带将近 40 年的和平与繁荣。

段家的皇帝为何如此"热衷"出家，据说主要原因有二：一是因为大理从古至今都崇尚佛法，是妙香佛国，故而当帝王觉得自己后继有人之时便禅位，出家修行，专心侍奉佛祖；其二，是在王权斗争中失败的无奈之举。除了段氏血脉自相斗争，也有当时权臣高氏擅专，把持朝政，对在位的段氏君主虎视眈眈，逼得皇帝只能禅位出家，"逊位为僧"，在佛祖的庇佑下了却残生。

作为大理国的皇家寺庙，昔日的崇圣寺何等辉煌，可惜却在历经千年沧桑风雨之后，于清朝咸丰年间被烧毁。如今人们已无法亲眼看见它原本的模样，只能由史料中略窥一二，"基方七里，为屋八百九十间"，从而遥想它千百年前的雄伟风采。

现在的崇圣寺，是大理白族自治州文化局于 2004 年斥巨资重建的。其中大雄宝殿，便是寺中最核心、最壮观的建筑。大殿仿北京故宫太和殿而建，巍峨壮丽、气势宏伟，重檐三门九开间，面阔 51.7 米，高 26 米，为目前全国佛教寺院中体量最大也是供奉佛像最多的殿宇，殿中的须弥台上大大小小一共供奉了 32 尊菩萨。各座庙宇中，总共有 598 尊青铜佛像以及法器，其中 574

尊佛像贴金，宝相庄严；还有 9 尊不曾贴金的，是大理国出家的皇帝。

大雄宝殿上悬挂两块牌匾，其中金底黑字的"大雄宝殿"牌匾喻示着此殿是最高规格。

殿内还有一副精美绝伦的木雕长卷绝对不容错过。其雕刻的内容是《张胜温大理国梵像卷》（又名《张胜温画卷》），与《清明上河图》为同一时代创作，被并称为"南北双绝"。

这幅原作堪称国宝级的画卷，为宋代大理国画工张胜温及其弟子们所绘，全长 1636.5 厘米，高 30.4 厘米，主要描绘佛教故事，同时也反映了当时大理国的外事活动，分为"蛮王礼佛图""法界源流图""十六国大众图"三部分，以及"多心宝幢和护国宝幢"。画卷描绘了 700 余名佛像和世俗人物，笔法精美细腻，

崇圣寺 大雄宝殿内木刻《张胜温画卷》局部 吴下小雎 / 摄

■ 带一本书去大理

在大理，与美景撞个满怀

崇圣寺 吴下小雎 / 摄

■带一本书去大理

在大理，与美景撞个满怀

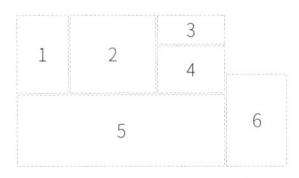

1	2	3
		4
5	5	6

1. 金翅鸟与千寻塔　廖冲霄 / 摄
2. 大雄宝殿牌匾　吴下小眭 / 摄
3. 《张胜温画卷·利贞皇帝礼佛图》　杨继培 / 摄
4. 九龙浴佛池与阿嵯耶观音殿　吴下小眭 / 摄
5. 庄严的大雄宝殿　魏小羊 / 摄
6. 崇圣寺一角　吴下小眭 / 摄

山川景色秀丽，场景生动，人物栩栩如生，是极为珍贵的艺术品。原作现存于我国台北省故宫博物院。

心灵手巧的大理匠人，用世代传承的木雕形式复刻了这幅千年之前的《张胜温画卷》，这幅高1.8米、长117米的木雕长卷，774名人物神态各异，衣饰宛然，被安放于大雄宝殿内墙四壁的巨型佛龛内，成为国内绝无仅有的木雕长卷。

雨铜观音殿：涅槃重生的华美圣像

雨铜观音殿，初建于唐昭宗光化二年（899）。关于雨铜观音像，也有一个神奇的传说。据说当时一位高僧曾发誓终生募化铸一座铜观音像以祈求国泰民安，"铸时分三节为范，肩以下先铸就而铜已完，忽天雨铜如珠，众共掬而熔之，恰成其首，故有此名。"

据史料记载，当时那尊观音像高10米，宝相庄严，细腰跣足，造型精美，是南诏遗物。明代时，大理曾发生大地震，除了雨铜观音殿之外，其余殿堂楼房都被损毁。到了清代咸丰年间，雨铜观音殿被大火烧毁，铜像的双手和衣角损坏，光绪年间才将其修复。可惜，后来这尊观音像被彻底砸碎后进炉熔毁。

如今我们看到的雨铜观音殿，是在原来的旧址上扩大重建而成的，殿高29.99米，占地8100平方米，是三塔景区的又一个重要景点。殿内正中，是一座高2.2米的巨大汉白玉须弥座，其上是1.8米的贴金铜铸莲花座，莲花座上是8.6米高、重达11吨的铜铸贴金雨铜观音立像。这尊观音像，是根据清末遗存的照片精心复制而成的。观音面容温柔慈悲，但是男身女相，是典型的南诏中晚期大理地区的观音造像特点。

雨铜观音左手边，靠东的水月观音，是仿千寻塔出土文物中的一尊玉质水月观音所铸；靠西站立的阿嵯耶观音也是仿造千寻塔出土文物中一尊高 24 厘米的金质阿嵯耶观音像所铸。

雨铜观音右手边靠东是一座男身梵僧观音，根据民间传说中的观音所铸，是阿嵯耶观音的化身。在大理，阿嵯耶观音作为主尊观音，是最被崇拜的一尊观音，男身女相，是大理地区特有的观音，又被誉为"云南的福星"。靠西手执金绳背负石头的是阿嵯耶观音化身，根据民间传说中的观音老母所铸。相传南诏时期，有强敌入侵，阿嵯耶观音闻讯变身为一位老妇人，背负巨石站在路旁。敌兵经过时，十分震惊，没想到一个老妪能有这般神力。

崇圣寺千寻塔出土的金质阿嵯耶观音立像
杨继培 / 摄

崇圣寺雨铜观音殿 吴下小睢 / 摄

老妪轻松地说："我年纪大了，只能背这样的小石头，年轻人能背更大的石头呢！"敌兵听闻之后，十分害怕，不战而退。大理由此免遭战火荼毒。为了感念恩情，大理人尊其为观音老母，并专门建大石庵供奉。

这四位观音也由铜铸贴金而成，观音形象栩栩如生，庄严神圣，金光灿然，气派非凡。

巍峨兮，崇圣寺三塔，已然屹立千年，不仅是大理的象征，也是云南古代历史文化的象征。

蝴蝶泉：云弄峰前泉照影，迷离蝶树千蝴蝶

"大理三月好风光，蝴蝶泉边好梳妆"，每个大理孩子儿时都听过这首美妙动听的《蝴蝶泉边》，这优美的旋律也曾经随着浪漫的爱情电影《五朵金花》传遍大江南北。

蝴蝶泉，素有"泉、树、蝶"三绝的美誉，它位于大理市214国道西侧，距离大理古城约27千米，离喜洲古镇约7千米，犹如一块镶嵌在苍山云弄峰下的绚丽宝石。

苍山化雪，将十九峰所钟灵气尽数蕴藏其中，蝴蝶泉水从岩缝沙层中渗透而出，一出地表便汇聚成潭，没有任何污染，故而泉水不但甘甜可口，望之更是清澈透亮，晶莹澄碧，犹如明镜一般。在白族人的心目中，蝴蝶泉是爱情忠贞的象征。

相传很久以前，云弄峰下的羊角村里，有一位美丽的白族姑娘雯姑，她和年轻的猎人霞朗彼此相爱。不想雯姑被王子看上，

蝴蝶泉 北泽浪/摄

■带一本书去大理

蝴蝶泉碑文 吴下小睢/摄

彩蝶阶梯 吴下小睢/摄

在大理，与美景撞个满怀

蝴蝶泉情人湖 吴下小睢/摄

被强抢入王宫。霞朗偷偷潜入王宫，救出雯姑。可是两人在逃跑时，在无底潭边被追兵赶上，霞朗寡不敌众，只好与雯姑牵着手，双双跳入潭中。立时，狂风大作，天昏地暗，追兵只好退走。次日鸡鸣后，风雨停歇，霞光漫天，潭底飞出一对金光闪闪的彩蝶，彼此追逐，形影不离。片刻之后，无数的彩蝶从四面八方飞来，围绕那对金闪闪的彩蝶翩翩起舞。白族人民为了纪念霞朗和雯姑，就把无底潭改名为蝴蝶泉，并将他们殉情的日子农历四月十五定为蝴蝶会。从那以后，每年蝴蝶会，白族青年男女们都会齐聚于此，通过对歌的方式来寻找自己的意中人。

最为神奇的是，泉边有一棵古老的合欢树，犹如遒曲苍劲的青龙横卧泉水之上。每当春末夏初，古树开花，状如彩蝶，且会散发出诱蝶的香气。每年农历四月时，数以万计的蝴蝶从四面八方蜂拥而来，在泉边漫天飞舞，成串悬挂在泉边的合欢树上，场面蔚为壮观，一时间让人分不清树上哪些是蝶，哪些是花。徐霞客曾在他的游记中描写这一场景："还有真蝶万千，连须钩足，自树巅倒悬而下及于泉面，缤纷络绎，五色焕然。"

泉下便是五龙池，五个雕刻精美的龙首嘴里喷涌着清澈的泉水，五龙吐水，寓意吉祥如意。每个人到这里都可以洗洗手，代表着将收获健康快乐、喜乐丰收，也是祈求获得美丽缘分的诚挚祝愿。

来蝴蝶泉游览，如果只看泉水就太亏了，一定要穿过青石板铺就的竹林步道，你会发现别有洞天。

情人湖占地面积 6000 平方米，像一只巨大的蝴蝶静静地栖息在花树间，湖上每天都有精彩的白族歌舞表演。

蝴蝶大世界是模拟蝴蝶在自然界中的生活习性而建的温室大棚，气温适宜的时候可以看到绚烂的蝴蝶在棚内翩翩起舞。蝴蝶博物馆里有很多精美的蝴蝶标本，展示着来自全球不同的400多个蝴蝶品种和相关文化，有超过45000只精美的蝴蝶单体，甚至还有一些极其稀有的珍贵品种，如被世界昆虫学家称为"活化石"的金斑啄凤蝶，以及左翼为雌性、右翼为雄性的阴阳梁祝蝶等。

张家花园：梦幻白族民居

张家花园位于大理古城以南5000米的七里桥观音塘旁，是白族民居姓氏文化建筑的代表作，有"云南第一园"和"大理艺术王宫"的美誉。

张家花园的建筑历史悠久，传说其源于唐时南诏、宋时大理国的御用礼宾合院式皇家建筑，是白族民居历史上最大的建筑单元"六合同春"，这一建筑文化源于南诏王国统一的洱海六个部落。可惜古老的建筑毁于元世祖平大理国。如今的张家花园，集结了上百位民间能工巧匠历经8年重建而成，由5个三坊一照壁，一个四合五天井构成走马串角楼的民居格局，重现了大理人民千年梦想的白族民居理学建筑庄园。

除了"彩云南现""海棠春雨""鹿鹤同春""西洋红院""瑞接三坊""四合惠风"6个风格迥异的大院，还有3座非常漂亮的后花园，共占地约5333平方米，建筑面积达4700平方米。

进入张家花园，首先映入眼帘的便是一块题写"百忍家风"的照壁。可别小看这面小小的墙，白族人家的照壁可有不少讲究。

照壁是白族人民劳动智慧的体现。照壁又被称为"影壁"，取"隐蔽"之音，使刚进院落的人一进门并不能立马窥见院落的全貌，这是独属于白族人家的神秘感，更能一定程度上保护主人家的隐私。白族传统民居不像汉族民居那样坐北朝南，而是坐西向东，背靠苍山，面朝洱海，寓意家业稳固，有水有财。而坐西向东的房屋有一劣势，那便是傍晚时院落中很难见到阳光，这时，照壁便派上了用场，照壁能够起到反射阳光的作用，使日暮西山

时，院落里仍旧洒满阳光。

照壁上的题字，暗示着主人家的姓氏。比如"青莲遗风"代表李姓，"琴鹤家声"为赵姓，"三槐流芳"为王姓，"工部家声"是杜姓……

而张家花园照壁上的"百忍家风"四个大字，来源于唐代张公义"百忍"的典故。唐高宗曾询问张公义的治家之道，张公义便写下数百个"忍"字。后来，百忍家风便成了张氏人家独特的治家之道。白族的张姓人家也效仿着把百忍家风题在照壁上，以表达对家和万事兴的美好向往。

在张家花园空中庭阁远眺大理云 魏策 / 摄

带一本书去大理

张家花园 刘诺一／摄

张家花园的天空之镜 刘诺一／摄

在大理，与美景撞个满怀

张家花园 刘诺一 / 摄

张家花园 魏策 / 摄

张家花园彩雕 魏策 / 摄

■ 带一本书去大理

张家花园墙壁上的彩雕更是不容错过，各路神仙、珍禽异兽、奇花异草……各式吉祥纹样，这里都应有尽有。其中，有的彩雕由一种特殊的软玉制成，质感温润，形象生动。

站在空中亭阁上，往东，可观洱海日出；向西，可见苍山瑞雪；朝南，可仰彩云南现；面北，可瞻玉龙隐仙。

张家花园每天有好几个时段有白族歌舞剧表演，每隔一段时间，会有免费导游带领游园。

巍山古城：南诏遗风今犹在

从大理古城南下，过下关，再向南行 50 千米，约 1 小时车程便到巍山古城。古城始建于明代洪武年间，距今已有 600 多年历史，是赫赫有名的中国历史文化名城。街道以拱城楼为中心，

巍山小吃节长街宴 杨继培 / 摄

在大理，与美景撞个满怀

巍山打歌 杨继培 / 摄

呈"井"字结构建设，25条街、18条巷延续着数百年的历史文化传承。

这里景点众多，有巍宝山道教宫观古建筑群、巍宝山长春洞古建筑等。风景优美的巍宝山和保存完好的明清古建筑，自然景观之美与人文建筑的精粹交相辉映，共同打造了巍山古城典雅古朴的独特风韵。它像一位饱经岁月的老人散发着安详的气息，镌刻着历史痕迹的老街和老屋记载着它的年岁。南诏蒙舍城遗址，昔日的辉煌让这座城更添一份厚重色彩。

古城美食文化丰富，人人爱吃、会吃，家家有美食，户户有大师，被称为"中国名小吃之乡"。烧饵块、粑肉饵丝、一古面（一根面）、小甑合糕等美食不仅口感独特，而且寓意深远，如小甑合糕寓意"合心合意"，是当地人民对生活的美好祝愿。美味的巍山小吃馋了游客们的嘴。在这里，游客们能更加深刻感受到各美其美、美美与共的饮食文化。

古城剑川：历史的雕琢

剑川古城位于大理白族自治州北部，距离下关126千米。这是一座历史文化名城，素有"木雕之乡"的美誉，始建于元代，是茶马古道上的重要驿站，距今已有700余年历史。大旅行家徐霞客曾于崇祯十二年（1639）二月在此停留4天，写下7000字的笔记，详细地记录了剑川的风土人情。

今天，城中依旧古韵十足：旧时的护城隍壕、壕桥、棋盘式

在大理，与美景撞个满怀

建设格局和街巷道路的布局、走向、尺度等仍然保留。行走在城中，便能感受到当初修建者曾花费了不少精力、财力、物力用心营造，明清建筑古朴大气，门楼、文庙、祠堂勾勒出古城曾经的历史文脉。

位于县城西，沿岩场沟而上1500米处的千狮山满贤林是国家4A级风景区，收藏和雕刻有3268只形态各异的石狮石雕，是一道亮丽的园林石雕风景线，展现了剑川数百年来石雕工艺的演变和发展。

剑川古城 杨继培/摄

■带一本书去大理

剑川海门口遗址第三次考古发掘
杨继培/摄

甘露观音（剑川石钟山石窟）
杨继培/摄

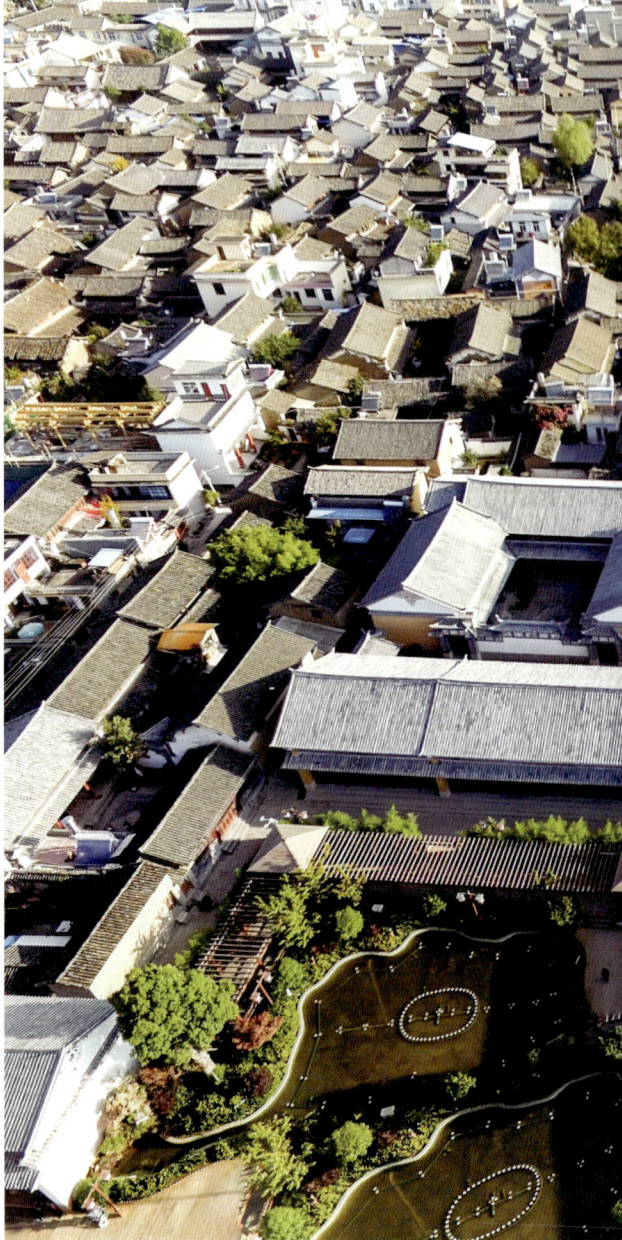

在大理，与美景撞个满怀

剑川古城 杨继培/摄

沙溪古镇：与茶马古道重逢

沙溪古镇，距离剑川县城约 32 千米，位于大理古城、丽江、香格里拉三大旅游区之间。

作为国家历史文化名镇，沙溪是许多人心目中世外桃源般的存在——它自在恬淡，古意盎然，曾经马铃叮当，是茶叶、药材、盐和纺织品交易的重镇。古老的红砂石板街道和黑潓江上横跨的玉津桥，仍然清晰可见曾经商业运输的马蹄印。

寺登街是古镇的核心区域，此处有座古戏台，建于清嘉庆年间，整座建筑为三重檐歇山顶，第二层为戏台，第三层为魁阁，构件皆施彩绘，是整条街上最亮眼的建筑。兴教寺的大门正对着古戏台，寺院建于明代永乐年间，是滇西少有的明代建筑之一。壮观的古戏台和保存完好的欧阳大院，共同见证了古镇昔日的富庶。作为滇藏茶马古道上唯一幸存的集市，沙溪被列入《濒危世界建筑遗产名录》。

位于寺登街的古戏台 杨继培/摄

在大理，与美景撞个满怀

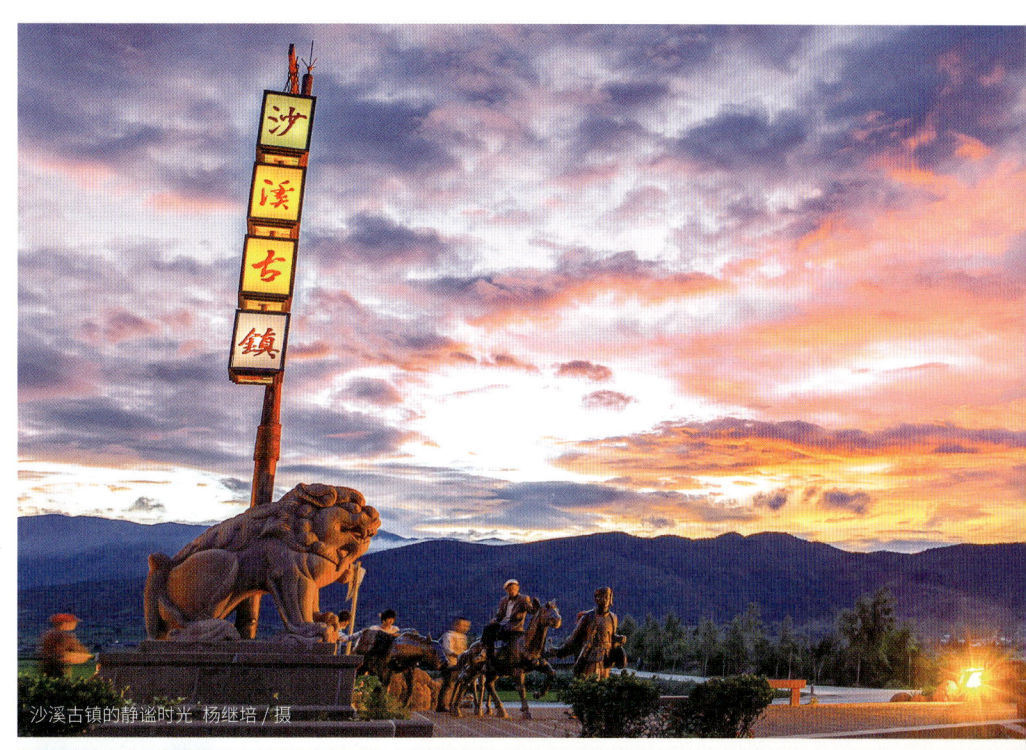

沙溪古镇的静谧时光 杨继培/摄

沙溪古镇欧阳大院 王雅琴/摄

沙溪古镇兴教寺明代佛教壁画 杨继培/摄

石宝山：自然与人文的璀璨交汇

滇藏茶马古道长期从这里经过，遗留下了众多历史文化遗产，如南诏大理石窟——石宝山，与沙溪古镇同属剑川县内，相距约15千米，是自然与人文完美结合的一处国家4A级旅游景区。喜爱石窟文化的游客，千万别错过石宝山。

在石宝山，随处可见从南诏国沿袭而来的石窟造像，山上寺庙清幽，景区主要由石钟山石窟宝相寺、金顶寺、海云居、石龙民族文化村组成。宝相寺建在悬崖峭壁上，凿石抬梁，险奇精巧，被称作云南的"悬空寺"。殿阁用五色彩绘，初为道观，后来佛教兴盛，成为佛道合流的场所。海云居始建于清康熙年间，有"雾海云烟"之称，正对蓝宝石般的剑湖。

北有敦煌壁画，南有剑川石窟。目前对外开放的只有石钟寺石窟群。这里的丹霞地貌，形成了错落有致的奇峰异石，红砂石风化，呈现出龟背状的裂纹。石钟寺内有一块巨石，因其形似倒扣的大钟而得名。石窟群依山开凿，宏伟壮观，开凿时间在唐代晚期，是云南规模最大、最早的石窟，被誉为"南

在大理，与美景撞个满怀

剑川石宝山石钟寺 杨继培/摄

天瑰宝"。内藏有 8 个石窟，雕刻着南诏宫廷造像、佛教造像等，无言地向人们讲述着有关南诏国、大理国的历史政治、宗教文化、典章制度，是一部雕刻在石头上的南诏大理国的史诗。

鸡足山：追寻宁静与禅意

鸡足山雄踞于滇西北宾川县境内西北角，是沟通中原和东南亚的佛教名山，北与鹤庆相连，从大理市区前往有班车可达。鸡足山与五台山、峨眉山、普陀山、九华山齐名，是国家 4A 级风景区，因其前列三峰、后托一岭的山形像鸡爪而得名。山上树木挺拔葱郁，一片葱茏，森林覆盖率达 85% 以上。山中云雾缭绕，胜似仙境。这里有许多奇花异草、名树古木，良好的自然生态让这里成为动物的乐园。需要注意山上有猕猴，游客要看管好自己的随身物品，另外，最好走常规路线以防偶遇蛇。

鸡足山为火山岩地质构造，纵横交错的节理和断裂，让大大小小的山泉如千军万马般汇于一处，形成高几十米、穿云而过的飞瀑景观。山上沿途景色秀丽，有清澈的溪流和茂密的森林，如果徒步有路线图可供参考。省力的玩法是直接坐索道或者观光车，从祝圣寺开始鸡足山之旅。需要注意的是，景区索道下午 5 点半关闭，错过时间只能走下山，或者在山顶住一晚。

鸡足山的自然风光以雄、险、奇、秀、幽著称，来这里要欣赏"绝顶四观"。登上海拔 3214 米的金顶寺，这里是全山的制高点，视野开阔，东边可以观日出，西边可以观苍山洱海，南边

在大理，与美景撞个满怀

可以观云海，北边可以观玉龙雪山。"四观"中"西海""南云""北雪"相对易得，天气晴朗的条件下就能看到，但要观"东日"，需早早置身金顶。相传释迦牟尼的大弟子迦叶尊者曾在此入定等待未来佛，这里成为迦叶的道场，奠定了鸡足山在佛教界的尊崇地位。从南诏开始，历代僧人在此建寺弘法，鼎盛时期的鸡足山有三十六寺七十二庵，僧人达到数千人。在鸡足山，既可以体会自然的神奇和美丽，又可以了解佛教文化的庄严和神秘。每年腊月十五至正月十五，鸡足山迎来"朝山节"，人们祈福、朝拜，同时还有各种民俗活动助兴，已成为这里重要的传统习俗。

宾川鸡足山 杨继培／摄

石门关与云上山庄：雄奇与唯美的浪漫邂逅

从大理古城沿214国道往南、再沿215国道往西，行驶约50千米即到漾濞。漾濞石门关是苍山景区的重要组成部分。在苍山背后的江边，两座数百米高的断崖峡谷相对而立，犹如两扇巨大的石门。这样雄奇恢宏的"大门"，恐怕除了大自然的鬼斧神工，再也没有谁能将巨大的山崖"劈"开。

徐霞客在游览石门关之后，也忍不住在其游记中赞道："石门崖劈云削翠，高骈逼凑，真奇观也。"

如果说石门关是将雄奇展现得淋漓尽致，那么，云上村庄则是将婉约唯美演绎得浪漫无比。

云上村庄距离石门关景区约10千米，是一个拥有万亩核桃园的生态文化村。从山下缓缓徒步，徐行向上，一路古树参天，鲜花绽放，空气清新，鸟啼蝶舞。随处可见数百年树龄的核桃树，其中最古老的核桃树，有1160多年的历史，如今树干粗大，仍然枝繁叶茂，需要几人合围，被村民们誉为"核桃神树"。山中还有一段用核桃铺成的道路。

神树前有一块空阔平整的小坝子，流水潺潺，芳草碧茵，百花竞放，实在是美得令人沉醉。每年金秋的核桃节，上千人在这里载歌载舞，举办核桃宴，庆祝丰收，热闹非凡。

每年盛夏，山中的民宿就住满了前来避暑的各地游客，他们每日在鸟鸣中醒来，品着核桃油烹制的山珍，吃着核桃做的糕点，漫步在山林之间，所谓神仙日子，不过如此吧。

在大理，与美景撞个满怀

漾濞云龙桥 刘诺一/摄

漾濞云上村庄 刘诺一/摄

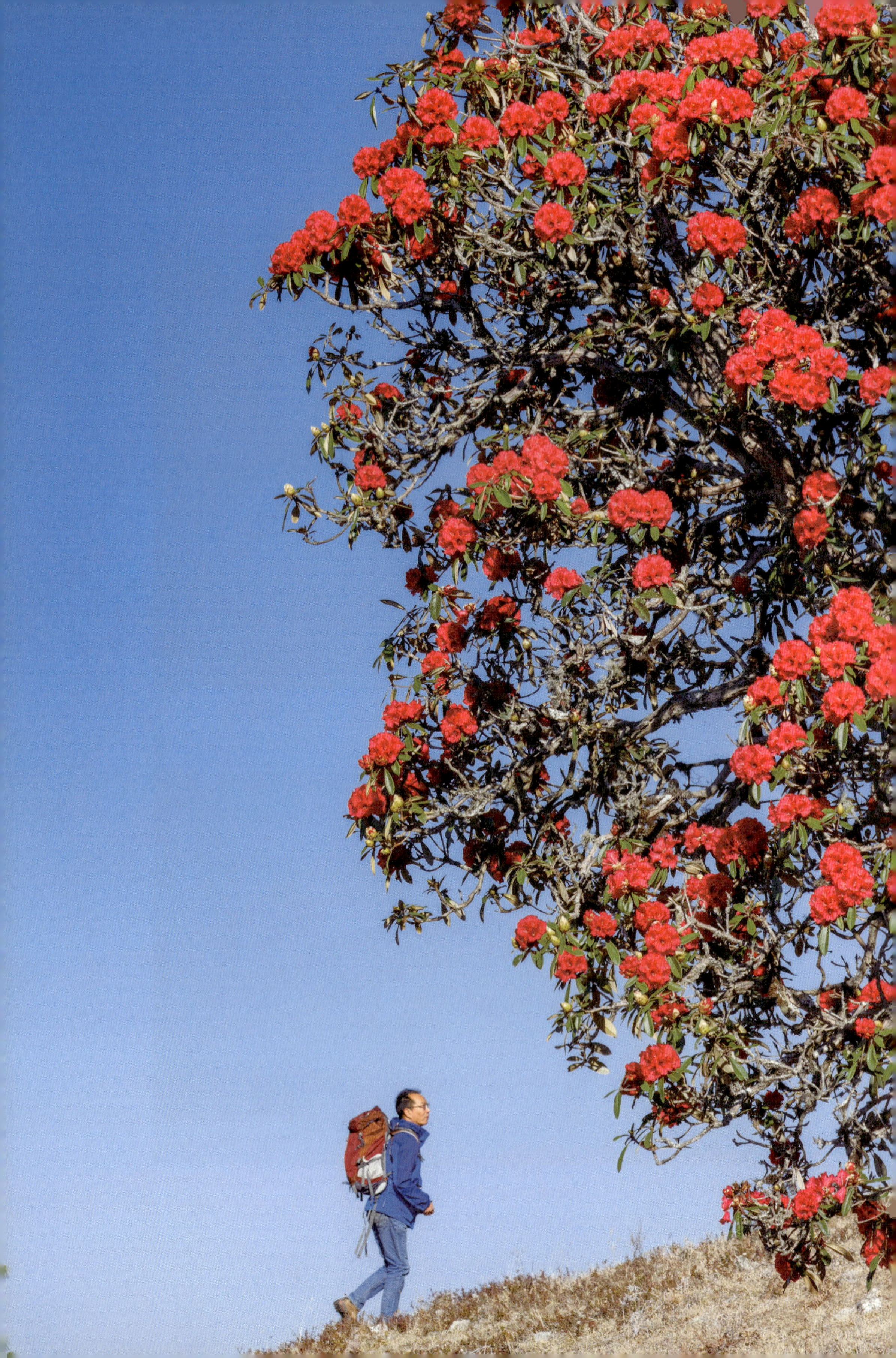

苍山漾濞脉地大花园 杨继培/摄

CHAPTER 03

大理苍山：
风云变幻间的仙境寻觅

苍山不墨千秋画，洱海无弦万古琴。大理的风情，一半在苍山，一半在洱海。

苍山最高峰马龙峰 杨继培/摄

■ 带一本书去大理

苍山，又名点苍山，位于大理中部，洱海以西，东临云贵高原，属于喜马拉雅造山带南延部分的横断山脉云岭，海拔1700~4122米，山体南北走向，纵跨大理市、漾濞彝族自治县和洱源县。

苍山不墨千秋画，洱海无弦万古琴。大理的风情，一半在苍山，一半在洱海。苍山与洱海共同组成了国家级自然保护区，其中大理苍山世界地质公园包括苍山地质地貌景观区、环湖人文景观区和高原湖泊景观区，总面积为933平方千米。作为蜚声中外的世界地质公园，苍山以其悠久的历史、独特的地质地貌景观和丰富的生物资源等，吸引着全球的游客。

如果说，碧波荡漾的洱海代表阿鹏和金花的浪漫多情，那么巍峨雄壮的苍山就象征着大理人民的坚毅果敢。

点苍雄浑，气势恢宏，苍山十九峰犹如十九柄不同的利刃，直指苍穹。

苍山西坡 杨继培/摄

苍山雪后初颜（玉局峰顶）马玺皓／摄

  点苍峻秀，亦不乏温婉，苍山十八溪好似长枪上的红缨，宝剑上的流苏剑穗，装点锋锐。

  苍山十九峰，积雪盖头，层峦叠嶂，仿如大自然鬼斧神工，于天地间恣意泼墨、随心绘出的十九幅写意画卷。

  云弄沧浪洱水西，五台莲花白云迷；
  鹤云共舞三阳上，兰峰之右雪人居；
  应乐观音中和峙，龙泉玉局马龙随；
  圣应佛顶兼马耳，斜阳十九永不移。

  这首诗囊括了苍山十九峰由北向南的名字，依次为云弄峰、沧浪峰、五台峰、莲花峰、白云峰、鹤云峰、三阳峰、兰峰、雪

> 带一本书去大理

人峰、应乐峰、观音峰、中和峰、龙泉峰、玉局峰、马龙峰、圣应峰、佛顶峰、马耳峰、斜阳峰。其中，马龙峰海拔 4122 米，是最高的一座。

苍山十八溪，"水激石跳，铿訇如雷"，淙淙奔涌，蜿蜒而下，汇入洱海。清澈的溪水在山峰之间，流淌出或铿锵或柔美的意蕴，仿佛大自然在山间写出十八阙辞藻清丽的宋词。

苍山最高峰马龙峰 杨继培／摄

大理苍山：风云变幻间的仙境寻觅

霞移万花与阳溪，茫涌锦溪灵泉齐；

白石双鸳隐仙至，梅桃二处并中溪；

绿玉龙溪清碧涧，莫残葶蓂阳南居。

这首诗将苍山十八溪的"芳名"由北向南全都写入：霞移溪、万花溪、阳溪、茫涌溪、锦溪、灵泉溪、白石溪、双鸳溪、隐仙

溪、梅溪、桃溪、中和溪、绿玉溪、龙溪、清碧溪、莫残溪、葶蓂溪、阳南溪。每个名字都极美，光是念上一念，就有口齿生香、美不胜收之感。

苍山大索道：点苍绝顶会当凌，千年南诏一梦回

点苍苍峰十九点，戳破青天透天表。

游览苍山，可以完全徒步；不过若非体力绝佳，想要充分领略苍山美景，建议还是乘坐索道。上苍山的索道共有三条：洗马潭索道、感通索道和中和索道。

洗马潭索道，唯一能够登顶苍山的索道。全长5555米，是三条索道中最长，也是全国海拔高差最大的一条。秋冬看雪，春夏赏花。洗马潭索道分为上中下三个站，有"一道穿三景"之称，上站是大名鼎鼎的洗马潭景区，中站是七龙女池，下站是天龙八部影视城。

感通索道，全长2630米，有感通寺、寂照庵、清碧溪、珍珑棋局等景点。

中和索道，又叫小索道，全长1688米，是三条索道中最北边的一条，厢体是没有外壳、开放式的老式露天双人吊椅座，所能到达的高度也是最低的，景点相对较少，只有上站的中和寺。

玉带云游路在苍山山腰，比较平坦，将三条索道串联起来。此路以青石板铺地，崖边设有护栏。长约18千米，宽约2米，可容两三人并排而行。

游玩苍山线路多样，不过最受推崇的有三种线路。

推荐线路一，需购买洗马潭索道往返票。先去往天龙八部影视城，坐洗马潭索道至上站，游览洗马潭，再乘索道至中站，游七龙女池，然后沿玉带路步行至感通索道，沿途游览清碧溪、珍珑棋局，再乘感通索道下山后，徒步前往感通寺和寂照庵。这条线路能登顶苍山、玩遍苍山精华景点，如果时间合适，还能赶上在感通寺或者寂照庵吃斋饭。

推荐线路二，需购买中和索道往返票。乘坐中和索道至山腰，沿玉带路徒步至感通索道，乘坐感通索道下山，至感通寺、寂照庵、清碧溪等处游览。这条路线全程基本上都是平路，游览过程相对轻松。沿途大部分是松树林，可以捡到超大的松果；夏日雨季时，还能体会采菌子的乐趣。一路上有鸟鸣相伴，也时常会邂逅小熊猫、雉鸡、小松鼠等可爱的山间精灵。在山腰欣赏洱海美景格外赏心悦目，天气晴朗时，还能看到洱海对岸全景。

如果您体力上佳，每个景点都不想错过，还有一条比较完整的路线，此线路需要购买感通索道往返票和洗马潭索道上程往返票。即乘中和索道至玉带路，步行至七龙女池，再乘洗马潭上程索道至洗马潭，打卡后索道返回七龙女池，沿玉带路步行，再乘坐感通索道下山，下索道后再徒步前往感通寺、寂照庵和清碧溪。这条线路的优点是可以在一天之内逛完苍山全部著名景点，但是体力消耗较大，其中需要往返攀爬洗马潭和七龙女池台阶，玉带路也要步行十余千米，耗时七八个小时。

索道票面上会显示排队等候人数和排队等待时间，如果等候时间比较长，洗马潭索道的游客中心售票处旁，有一处"大理苍

苍山感通索道 吴下小睢 / 摄

山世界地质公园博物馆"可供游客免费参观。里面有苍山地貌沙盘，植被垂直带谱，苍山特有的植物标本、苍山岩石标本等，感兴趣的话，可以花上十几分钟或者半小时浏览一下。

上山之前，可以在山脚下买上一两罐氧气，以备不时之需；若是提前准备一点巧克力之类的高能量小食更佳。雨衣可在山下租买，也可以到山上再租。

苍山大索道犹如架在云中。如果遇上晴天，风和日丽，能见度极高，从下而上的过程中，能看到缆车钢索直插云霄，消失于天际。向下俯瞰，很多不同的植被次第呈现：灌木草丛、针叶林、阔叶林、高山草甸……

如果遇上阴雨天气，山中云蒸雾霭，能见度极低，只能看到自己乘坐的缆车被缭绕的水汽包裹，在云雾中缓缓穿梭，颇有几分登临仙境的意趣。

洗马潭：停鞭洗马，千秋水利

乘坐索道到达上站后，可以在观景平台上，用高倍望远镜眺望远方，能看到苍山秀美的山峦和独特的植被。

洗马潭景区，是苍山上最大的景区，也是游玩苍山最值得推荐的景点之一。景区内有10个观景平台，游玩栈道全长约4000米。

此处海拔已在3800米以上，即使是七八月的盛夏酷暑，依然会让人感觉十分冷冽。鉴于山中不但冷，空气湿度也很大，最

■带一本书去大理

好在此租上一件厚厚的防水棉服，备好氧气瓶，让接下来的步行之路轻松一些。

苍山的游览指示比较清晰，按照游览示意图绘制的路线即可。

沿着栈道往北前行，依次通过1号、2号、12号、11号平台，可以到达高山植物园。这里海拔3818米，有全国海拔最高的自然中心。苍山自然中心是一个公益机构，主要由志愿者来运行和维护，游客可以在这里歇脚、充电、暂避风雨，还可以听志愿者们如数家珍般地介绍苍山上的花花草草、飞禽走兽。

其实整座苍山，本就是一个巨大的动植物园。据《苍山志》记载，苍山目前有鸟类300余种，哺乳动物80余种，两栖和爬行动物40种，杜鹃花50多种，报春花属植物25种……如此丰富的生物多样性，令登临苍山的游客，每行一步，都能见到盎然生机。

如果不想走太远，可以在2号平台处往西，经4号平台，往南到达洗马潭。

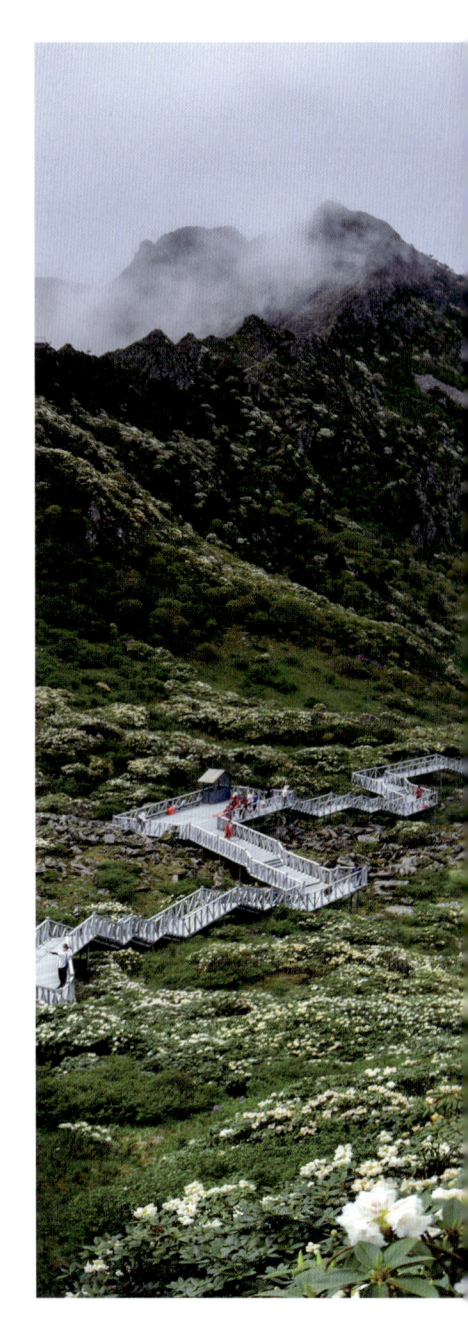

大理苍山：风云变幻间的仙境寻觅

每年夏季，洗马潭边高山杜鹃盛放　杨继培 / 摄

■带一本书去大理

　　洗马潭亦名"洗马塘",位于苍山玉局峰与龙泉峰的交接处,海拔3920米,潭水面积约4500平方米,是"苍山屋檐"现存最高、最大的冰斗湖,有"山巅之湖"的美称。

　　相传,1253年,元世祖忽必烈南征大理之时,久攻不下,于是另辟蹊径,率军翻越苍山。到达此处时,忽必烈命元军驻扎修整,骑兵们纷纷下潭清洗战马,由此得名。

　　洗马潭也叫"高河",1000多年前,南诏王派人将此处建成高山水库,引导山泉灌溉山下的万顷农田,这在当时可是一件十分了不起的工程,南诏德化碑中亦有记载。时至今日,这项水

苍山杜鹃　杨继培/摄

利工程仍在发挥作用：雨季时，大理古城的村民仍会上山开闸，将洗马潭水放下去灌溉农田。

洗马潭景致百变，晴雨天气风格迥异，四时风景更是不同。

晴天时，潭水如一块色泽温润的翡翠，嵌在山中。

阴雨天时，洗马潭水汽氤氲，好似笼上了一层轻柔羽纱，如梦似幻。

无风时，潭面如镜，倒映蓝天白云；倘若微风徐来，波光粼粼，仿若有千百条小鱼潜于水下，将一潭碧水细细吹皱。

春夏时，百花盛开，尤其每年五六月，洗马潭边的高山杜鹃

■ 带一本书去大理

竞相开放，漫山遍野的杜鹃开得热烈恣意，美不胜收：皎如白雪、艳如烈火、灿如黄金，彼此挨挨挤挤，热热闹闹，微风拂过，摇曳生姿，便如一幅明艳生动的繁花水彩。

入秋后，洗马潭周围的山林浸染了霜色，显得更加沉稳：高大挺拔的高山冷杉依然翠色不减，落叶松则是镀上了一层金黄，阳光倾泻在枝叶间，让彩林更加美不胜收，犹似一幅浓墨重彩的林间油画。

冬季洗马潭雪景 杨继培／摄

从每年 11 月中旬开始，海拔接近 4000 米的洗马潭就会变成一个银装素裹的冰雪世界。晶莹的雪花在冷杉树的枝丫间轻舞飞扬，与结冰的湖面、积雪的山石、洁白的雪地彼此相映，好似一幅笔法冷峻的中国泼墨山水画。此情此景，正如清代诗人吴铭道所写："空中仙人作玉戏，水官骑龙银色皎。岂无云篆守蛟螭，望绝琼楼架缥缈。"

从洗马潭继续往南，到达 9 号平台，这里离苍山山顶已经很近了，有海拔标牌"苍山洗马潭 3966m"可供游人合影留念。平台的围栏上，系满了祈福的彩带、风铃和小木牌，彩带和木牌上写满了人们的殷殷期盼和美好心愿。山风吹过，响起一阵悦耳的铃声，令人心神宁悦。在这里向远处眺望，可以见到层峦叠嶂，山间云雾缭绕，只觉得天远地阔，"一览众山小"的壮志豪情油然而生。

七龙女池：神女沐浴，公主望夫

游览完洗马潭后，再次乘坐缆车到达中站七龙女池。从索道站需要下 1175 级台阶，可以到达龙女池景区。

七龙女池位于马龙峰与玉局峰之间，景色绝美，有"奇、秀、清、幽"四绝美誉。景区一共由七个清澈见底的清泉水潭组成，从低到高依次为一龙女池和七龙女池，每个泉潭形状迥异，各有特色，有的水浅开阔，有的水深幽窄。

苍洱之间，自古以来就有"泽国"之称，与龙有关的传说也

■ 带一本书去大理

三龙女池 吴下小雎 / 摄

一龙女池 吴下小雎 / 摄

格外多。点苍山上的诸多水系，大多以龙命名。如玉局峰与龙泉峰间的洗马潭，传说是观音放养黑龙之处，古称"龙池"。三阳峰与兰峰之间，亦有黑龙潭、黄龙潭和双龙潭。传说，黑龙潭中有一条黑色的公龙，黄龙潭中则有一条黄色母龙，他们生了七个女儿。这七位龙女十分淘气，常常瞒着双亲跑到外面玩。七位龙女在山间玩累了，便找到密林深处的泉潭沐浴。大龙女身量高大，就选了面积最大的一龙女池；她的妹妹们再按年龄大小，依次选择了其他几个龙女池。只有最小的七龙女生性羞涩，每次都要藏到最高、最幽深的山涧水池中才肯宽衣。

七龙女池藏得最深，路也最为难行，故而相对其他几个龙女池而言，算得上人迹罕至。沿着山路走到幽静的山林里，绿树环绕，空气清新，耳畔不时响起婉转的鸟鸣，声声清越，让人感受到真正的"鸟鸣山更幽"，此是"幽"绝。循着水流撞击山崖的声音，可以看到高高的山石间有一个瀑布奔腾飞泻，落在清澈见底的七龙女池中，激起飞花碎玉。

七龙女池每处的水都格外清澈透亮，不知道是否应了那句"水至清则无鱼"，潭中不见小鱼小虾身影，此是"清"绝。传说里，是疼爱女儿的龙爸爸，为了龙女们沐浴时不被打扰，让水族们都退避三舍，不得在潭间出没。不过潭边常有可爱的小松鼠出没，一些难得一见的禽类也在林间穿梭，想来这些小家伙儿们是不受龙王管辖的。

七龙女池每处潭水之间落差不大，迂回婉转，溪流潺潺，飞瀑如练，犹如一条秀美的银龙盘踞在山间。正所谓"上有天河向下垂，常见云中腾怒爪。"瀑布水量有多有寡，或如银丝般细腻，或如白练般壮观，撞溅在山石上，散出颗颗晶莹剔透的水珠儿，阳光下七彩闪耀。每个潭池由于水深不同，色泽各异，或如碧玉澄净，或如翡翠温润，或如水晶剔透，或如绿宝石澄澈。正是"意态谲诡无一同，数幅丹青写奇巧"。加上潭边的植物也是秀雅清丽，姿态不俗，更是映衬得景致如诗。此便是"秀"绝。

至于此处的"奇"绝，更是值得一提，毕竟七龙女池除了山石怪奇、山势奇峻，还有很多神奇之处。

七龙女池自古以来传说颇多，除了龙女沐浴，还有另一个更加凄美动人的传说。南诏白王的白花公主与苍山上的一个年轻英俊的猎人相恋，可是由于她的父王反对，公主就和猎人私奔，藏在玉局峰上的山洞里。白王派人将猎人害死，打入洱海海底化为石骡子。公主不见恋人，日日爬到玉局峰的山巅眺望，想要等到情郎归来。她的痴情感动了上天，那日狂风大作，洱海泛波，海水最深处，一头石骡缓缓升起，慢慢幻化出猎人的模样，可是很快又消失了。此时公主明白恋人沉在洱海海心，再难相见。她抑郁而亡，一缕香魂化为白云，怒而生风，想把海水吹开，再次见到爱郎身影。从此以后，只要苍山玉局峰顶上升起这朵望夫云，洱海必定掀起狂风巨浪。只要石骡不露出水面，狂风不停，巨浪不歇。这种云常出现在冬天，渔民看到它就知道天气有变，不会再开船，因此也叫作"无渡云"。

《重印大理府志·精气化云》中，对此也有相关记载，虽然细节不同，但是浪漫凄美的主调一致。

"俗传昔有人贫困，遇苍山神授以异术，忽生肉翅，能飞。一日，至南诏宫，摄其女入玉局峰为夫妇，凡饮食器用，皆能致之，后问女：'安否？'女云：'太寒耳。'其人闻河东高僧有七宝袈裟，飞取之，及还僧觉，以法力制之，遂溺死水中。女望夫不至，忧郁死。精气化为云，倏起倏落，若探望之状。此云起，洱海即有云应之，飓风大作，舟不敢行，人因呼为望夫云，又呼为无渡云。"

彩云之南，苍洱之间，奇云甚多。除了能招引狂风的望夫云，七龙女池还有另一种神奇的云彩：玉带云。

夏秋时节，雨过天晴，洱海蒸发的水蒸气沿着苍山爬升，遇冷空气而凝结，苍山山腰会缓缓出现千丝云缕，由北向南慢慢延伸，逐渐凝聚变厚、变窄、变长，同时颜色也会变白、变浓，形成一条纤长柔美、洁白无瑕的云带，清晰地"束"在山腰，将苍山齐腰一截，成为大理特有的景观——"玉带云"。玉带云风吹不散，有时能从第一峰云弄峰，一直系到最后一峰斜阳峰，横亘百里，让巍峨雄奇的苍山平添几分壮丽多情。

传说每当七位龙女沐浴时，她们将解下的腰带系在一起，抛到空中，变成一条长长的玉带云，飘系在苍山十九峰的山腰。

据大理府志记载："点苍盛夏之日，常有云彩束山腰，横亘十九峰，约百余里，截然如带。" 被称为明代"滇七子"之一的白族学者李元阳在他的《点苍山志》一文中也对苍山"玉带云"现象进行过描述："夏秋之交，山腰横云，截如玉带，颇号奇观。昔人诗有：'天将玉带封山公'，言天设也。"

玉带云不仅在视觉上动人心弦，而且还是预示丰收的吉兆，有白族农谚"苍山系玉带，饿狗吃白米"。这样壮美神奇的景观，令人不禁感叹大自然的鬼斧神工。

清碧溪：销魂清碧溪，匹练界青山

苍山十八溪，每一条溪流都名副其实，或有云霞飘移，或有万花相伴，或如双鸳戏水，或似绿玉翡翠……十八条溪流，仿如十八位仪态各异的美人，各有各的俏，各有各的妙，可谓是春兰秋菊，各擅胜场。

可是若要从这十八位"大美人儿"中选出第一，以清碧溪的姿容，必然艳压群芳，是当之无愧的"绝色佳人"。著名画家徐悲鸿游览清碧溪时曾感叹道"乞食妙香国，销魂清碧溪"，能令大师销魂，想来清碧溪应是配得上它"最美溪流"的美誉。

明代崇祯十二年（1639），大旅行家徐霞客来到大理，攀登苍山，他在《滇游日记》中这样描述清碧溪。

"峡中西望，重峰罨（掩）映。最高一峰当其后，有雪痕一派，独高垂如匹练界青山，有溪从峡中东注，即清碧之下流也……蹑峻凌崖。其崖高穹溪上，与对崖骈突如门，上耸下削，溪破其中出。从此以内，溪嵌于下，崖夹于上，俱逼仄深窅。"

远远望去，陡峭险峻的马龙峰与圣应峰之间，晶莹玉练劈山而下，飞花碎玉，在山体间经历三级"阶梯"，每一级上都有一潭，形似玉盆，从而形成"峪有三盆，涧水三叠"之态。

若只是普通的"水叠三潭"，算不上绝佳景致，更难令清碧溪从十八溪中脱颖而出。清碧溪的妙，在于清溪三潭，水色各异，奇就奇在虽然源自同一条溪流，三潭颜色却又彼此分明：下潭处最为热闹，水光为深青色，周围的栏杆上系满了人们祈福的红色小木牌；其余两潭藏在峭壁之间，中潭水光为鸦碧色，上潭水光

苍山清碧溪 吴下小畦/摄

■ 带一本书去大理

则为鹦绿色。

　　山光云影中，潭水明澈，潭底鹅卵石清晰可见，明代状元杨慎在《游点苍山记》中赞道："水色莹澈，其中石子粼粼，青碧璀璨，宛如宝玉之丽。"见惯美景的徐霞客也不吝溢美之词："其色纯绿，漾光浮黛，照耀崖谷，午日射其中，金碧交荡，光怪得未曾有。"倘若遇上细雨蒙蒙，山中云蒸雾霭，清碧溪仿佛笼罩轻纱的绝色仙子踏云而来，绝美无匹，让人一时间疑惑自己是否

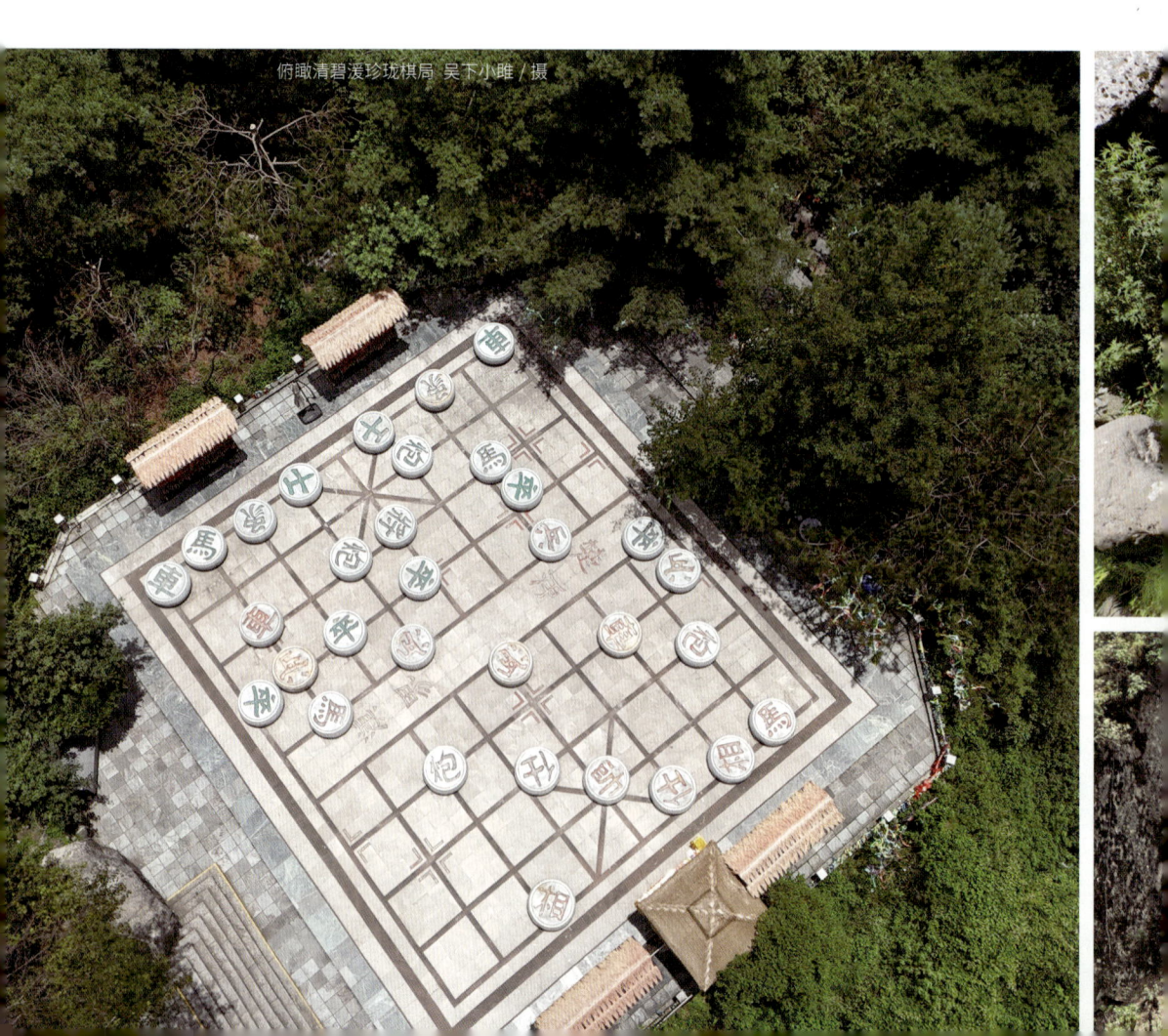

俯瞰清碧溪珍珑棋局 吴下小雎／摄

身处仙境。

　　由潭水向上远望，峭壁上还有摩崖石刻。真不知道古人是如何在那么高峻陡峭的崖壁上刻下文字的。这些石刻多为明代、清代及民国时期所刻，石刻内容多是求雨祈福。其中，"禹穴"二字，刻于明朝，是太守杨邛崃亲笔所书，用的是大禹劈山引水滋养农桑的典故。可见当年清碧溪流是灌溉附近农田的重要源泉。数百年后的今天，字迹依然清晰可见，银钩铁画，笔力遒劲，笔触圆润。

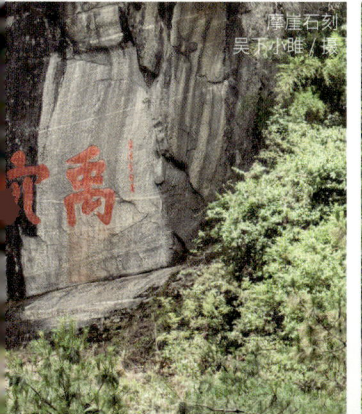

清碧溪 吴下小雎/摄

清碧溪 吴下小雎/摄

摩崖石刻 吴下小雎/摄

清碧溪 吴下小雎/摄

清碧溪古老的石阶 刘诺一/摄

清碧溪畔，还有一处硕大的象棋棋盘——"珍珑棋局"。这是根据当代武侠作家金庸先生《天龙八部》中所写大理国皇太子段延庆与黄眉僧人对弈的情节而设的，最初是围棋，现改为中国象棋。棋盘长21米，宽19米，总面积400平方米，也是很多游客热爱的打卡地。

当你踏上棋盘，行走其间，仿佛成了棋盘上的一颗小小棋子，无论进退，都不过是历史长河中一只小小蝴蝶的振翅一挥。

感通寺：荡山佛寺郁嵯峨，树色溪声云气多

感通寺位于"苍洱驰名第一山"的苍山圣应峰南麓，距大理古城约有5000米。苍山脚下，感通索道的入口旁，有一座绿荫掩映的山门，是个三开间的牌坊，拂叶穿林，沿着石径由此而上，便可以到达感通寺。

感通寺建筑群包括大雄宝殿、写韵楼、斋堂等，这些带着岁月斑驳的建筑，见证了苍洱文化在历史长河中的传承。屋顶上雕刻精致的飞檐翘角，展现了古代工匠的高超技艺。

感通寺原名荡山寺，历史悠久，可以追溯到汉明帝时——相传为天竺国高僧摄摩腾和竺法兰于145年入中国时所建。据《荡山志略》记述："点苍山荡山寺始建于汉，重建于唐。"

还有一种说法，感通寺是由（唐代）南诏高僧李成眉创立的。传说李成眉来到此处，见满山古木参天，四野清幽，便准备在此建寺。为求佛祖示意，他将自己所持的樟木禅杖插在土中，合十

感通寺山门 杨敏/摄

祝祷："若此地能建寺，求佛祖让此樟木成活。"话音刚落，樟木禅杖竟然立刻生根抽枝，长出碧绿的树叶。寺庙建成之后，李成眉又再次祝祷："此寺若能长久，佛像从空中来。"当天夜里，原本身处十里之外的五华楼佛像竟然神奇地飞至寺中！因为此庙兴建过程中，诸事皆是有感而通，故而将其命名为"感通寺"。

然而这毕竟只是传说。明朝万历年间，有"白族第一文人"之称的学者李元阳，在《重建感通寺记》中记载："大理城南十里，西入山谷有寺，曰'感通'。"文中提到："况天下之物，未有城而不通，而感之也，又焉有不通者哉……不得其理不能感……感而遂通。"格物生感，致知而通，这大概就是对"感通"二字的最好阐释了。

其实早在明朝嘉靖九年（1530），李元阳就与谪戍云南的杨升庵结伴同游苍山，当时便是宿于感通寺的班山楼。杨升庵是著名学者，明代三大才子之首，曾写下那首脍炙人口的《临江仙》：

"滚滚长江东逝水，浪花淘尽英雄。是非成败转头空。青山依旧在，几度夕阳红。白发渔樵江渚上，惯看秋月春风。一壶浊酒喜相逢。古今多少事，都付笑谈中。"

两人在班山楼这二十余天，酬唱往答，杨升庵校注《六书》并完成了《转注古音略》，李元阳便将"班山楼"题名为"写韵楼"，留下千古佳话。

自古以来，钟灵毓秀的感通寺轶事传说众多。

据清人檀萃《滇海虞衡志·卷九·志花》载：

"龙女花，天下止一株，在大理之感通寺……昔赵加罗修道于此，龙女化美人以相试，赵起以剑掷之，美人入地，生此花以供奉空王，至今数百年。"

龙女花的传说还有另一个版本：昔日有一位老僧每日虔诚念诵《龙女经》，无论严寒酷暑都不停歇，感动了龙女，化作凡人为老僧烹茶煮饭。后来皇后患乳疾，遍寻天下名医不可得。龙女化作一株龙女花，告诉老僧，持花可救皇后。老僧依言进献龙女花，皇后痊愈。皇帝大喜，厚赐金银，老僧以此扩建庙宇，并在花树旁立碑铭记"恩泽植株"，感念龙女。如今时光荏苒，石碑早已不见踪影，唯余浪漫的传说流传至今。

感通寺最为盛大之时，有庙宇36院之多。可惜现在大部分已毁，仅存遗迹，但因久负盛名，仍是云南禅宗第一寺。寺庙依山势而建，所以大门侧开，进去之后，要右转才能面向大雄宝殿。

寺中有一水池，壁上所画，是感通寺的另一个传说："马嘶花放"。

明朝洪武十七年（1384），时任感通寺住持的无极法师前往南京觐见明太祖朱元璋，并带去了一匹白马，一株茶花。法师进献时恰逢初春时分，白马嘶鸣，茶树开花，祥光笼罩。朱元璋龙颜大悦，认为这是大明江山兴盛的祥瑞之兆，于是为无极法师赐名"法天"，授其职务为"大理府僧纲司都纲"，并赐诗十余首送归。全山僧众迎接无极归来的地方，后来也建了寺庙，称为"班山"（白语，"寺庙"，位置在现在山门的山下）。从此感通寺庙大兴，明末高僧担当禅师曾题联云："寺古松森，西南览

感通寺龙女花 传慈法师/摄

胜无双地;马嘶花放,苍洱驰名第一山。"

说起这位担当禅师,也是才华横溢之人。他晚年在感通寺修行,诗、书、画无不精通,时人赠他"云中一鹤""南中高士"的雅称,其技艺之精湛,可见一斑。他极为仰慕杨升庵的人品才学,将"写韵楼"重修后作为自己的住所。

因此轶事,担当禅师圆寂后,感通寺又多了一个千古佳话:龙女奇花传千古,名士高僧共一楼。

感通寺中,至今仍有 600 余岁"高龄"的古茶树。大旅行

感通寺 吴下小睢 / 摄

家徐霞客于1639年春游寺后，在《滇游日记》中记载：

"中庭院外，乔松修竹，间作茶树，树皆高三四丈，绝与桂相似。时方采摘，无不架梯升树者。"

正所谓人杰地灵，作为云南历史悠久的传统佳茗，感通茶只产于感通寺方圆10千米的圣应峰、马龙峰一带，由于茶区有雪山、清泉、云雾等得天独厚的地理气候条件，感通茶香气袭人，入口滋味醇厚，尤其回甘隽永绵长，令人饮之难忘。据记载，早在南诏时期，感通寺中的僧侣已经开始栽茶、制茶，后经宋、元，到明朝时，感通茶更是名闻遐迩。冯时可在《滇行记略》中载："感通寺茶，不下天池伏龙。"李元阳在《大理府志》有记："感通茶，性味不减阳羡（江苏宜兴），藏之年久，味愈胜也。"明末清初文学家余怀在其所著的《茶苑》中道："感通山岗产茶，甘芳纤白，为滇茶第一。"余怀嗜茶成癖，而且家境富庶，见多识广，能得他如此推崇，可见感通茶的妙处。

走南闯北，遍历名山大川的徐霞客在品茗之后也盛赞道："茶味颇佳。"

今天，香醇的感通茶常作为白族三道茶中第二道"甜茶"的基底茶。感通寺中，设有"茶堂"，香客可以入内品茗；寺内还有"茶头"专事煮水烹茶，为施主献茗；山寺门前还有"施茶僧"，给过往的行人赠饮茶水。

游览苍山，行走至此，何妨停下匆匆脚步，在寺中饮一盏感通茶，润嗓、润心。若是再逢着饭点儿，还可以品尝寺中斋饭，涤荡尘心。

这一刻，或许便能体会担当法师"一笑皆春"的旷达情怀。

■带一本书去大理

寂照庵：曲径通幽处，禅房花木深

出了感通寺，沿大门右侧的石径小道往上走，大约十分钟，便可以到达寂照庵。

"感而遂通，寂静照鉴"，寓意通过内心的寂静，来达到心灵的洞察与觉醒。这便是寂照庵名字的来由。

寂照庵始建于明朝初年，后被毁坏。民国年间，唐继尧主持重建，庵门上"寂照庵"三字便是他题写的。

庵堂被葱茏茂密的青松、古柏掩映，颇有一种遗世独立的清

寂照庵 吴下小睢 / 摄

寂照庵种植的"多肉"　吴下小睢 / 摄

隽。它为何会被称为"中国最文艺的寺庙"？进入庵堂，触目所及，处处都是多肉，或一大簇一大簇挨挨挤挤地聚在地上的木船里，热闹茁壮；或在石缝中顽强生长，张扬向上；或在墙角一隅的朽木上，静悄悄地慢慢伸展；或悬于墙上吊篮，迎着阳光独自美丽……步入其中，就仿佛进了一个多肉的博物馆、美丽的花园，让人心生欢喜。

庵中梵音袅袅，平添了几分庄严肃穆之气，空气中却没有寺庵中惯常闻到的香火气，反而氤氲着一股清新的花香。细细看去，原来除了多肉，庵中还有很多鲜花——朝气蓬勃的向日葵，芬芳馥郁的百合，花团锦簇的绣球，恣意绽放的金光菊……真不愧是"中国最美的尼姑庵"。

■带一本书去大理

寂照庵 吴下小睢 / 摄

与寻常寺庵焚香礼佛不同，寂照庵以花供佛，不提倡燃香。有人问及此，主持妙慧法师肃容回答："佛什么都不缺，也不缺这一炷香，比起香火这些表面的物质，更在乎你是否有一颗诚心。"这番话禅意颇深：虔诚向佛，无论焚香或者供花都是诚挚的心意，佛祖自然能够有所感应；反之亦然。

其实"佛前供华（花）"的传统，早在1400多年前的隋朝就有记载。庵中的白墙上，元人所书的"拈花一笑"四个大字，也正是禅宗故事，说的是释迦牟尼在灵山会上拈花示众，众人皆不解其意，唯有迦叶尊者"破颜微笑"，心领神会。

寂照庵中的斋饭也颇负盛名，虽然食材只是南瓜、莲藕、土豆、茄子、西蓝花等普通食材，可是慕名而来之人依旧不计其数。素斋原本免费，可是随着食客队伍越来越庞大，不得已按位收取些许费用，不过每逢农历初一、十五仍会免费提供素斋。斋饭斋菜不限量，不够可以续添，吃完即可；可若有剩余浪费，请自觉去佛前跪拜忏悔一炷香的时间。这种独特的惩罚方式令人印象深刻，以此来提醒人们惜食惜福，不要浪费一粒粮食。

庵中提供免费茶水，香客只用支付押金，就可以领到一套茶具，茶盏会按人数提供，每只茶盏形色各异，不尽相同。用完之后，洗净退还即可。

午后三四点，寂照庵显得尤为寂静清幽，阳光透过古老的树枝缝隙洒落地上，山风徐来，檐下的风铃丁零作响，在沉静的山林中扬起浅浅回声，间或还有几声清脆的鸟啼相应。饮一盏茶，赏一枝花，再来个深呼吸，感受苍山清冽的纯净空气，这一刻，仿佛所有的尘世喧嚣都离你而去，内心只有平静祥和，安宁喜悦。

天龙八部影视城：快意江湖，武侠一梦

武侠小说里，大理不仅是一个崇尚佛学和武学的国家，而且江湖地位显赫，有点苍派、无量派，还有武林英雄南帝段智兴、大理段氏灵魂人物段誉。

始建于 2002 年的天龙八部影视城，位于苍山脚下，投资上亿元，以金庸小说《天龙八部》为建筑蓝本而建。这里的仿古建筑群结合了宋代和大理文化特色，总占地约 51 万平方米，总建筑面积约 2.5 万平方米，是集影视拍摄、旅游观光、文化体验为一体的综合性旅游景区，主要由三大片区组成：其一为大理国，包括大理街、镇南王府；其二是辽国，包括辽城门和大小辽街；最后是西夏王宫和女真部落。为了追求古韵，影视城以砖木结构为主体，青砖青瓦为主要建筑材料。

2003 版的电视剧《天龙八部》和《西游记》《少年四大名捕》等多部影视剧都曾在此处取景，所以金庸迷或者剧迷们，可以来此打卡。

入城的城门口正上方悬挂着"天龙八部城"的牌匾，是金庸老先生亲笔所题，两侧高悬的是那幅经典对联：飞雪连天射白鹿，笑书神侠倚碧鸳。

这里节目繁多，每天上午九点和下午两点在城门口有热闹欢乐的入城仪式，随后便是由大理街至德胜门的"盛世巡游""梦舞西夏"等一连串的演出。其中"三弦弹唱""上刀山"等极具民族特色的节目很是值得一看，"段家小姐抛绣球招婿"互动良好，运气好的游客抢到绣球，还可以感受一把当赘婿和段小姐

大理苍山：风云变幻间的仙境寻觅

天龙八部影视城城门 刘诺一 / 摄

■ 带一本书去大理

天龙八部影视城中的大理王宫 刘诺一 / 摄

天龙八部影视城中的大理王宫一隅 刘诺一 / 摄

"成亲拜堂"的快乐。

进入城中，你会发现，这里不只是建筑仿古，就连街上的商贩和NPC（游戏中的非玩家角色）们都身着汉服，行动之间也颇有古风古韵，让人很有代入感。你也许会偶遇正被"恶霸"调戏的卖花姑娘，也可能和"六扇门的捕快"擦肩而过，甚至还有可能亲眼看见一场"官府缉凶"的"激烈打斗"。演员们都十分认真专业，让人如临其境。

登上高高的主门城楼，极目远眺，可以将大理风光尽收眼底。遇上晴日，海天一色，景色壮阔，颇有天地浩渺的感慨。

至于游客出片的打卡处，首推金碧辉煌的大理王宫，极具民族特色的白族人家（民居）不容错过，辽城门、西夏王宫和女真部落的建筑风格迥异，别具风情。影剧迷必到之处，那自然少不了"珍珑棋局"和"镇南王府"。

如果想沉浸式体验穿越回到千年之前的武侠江湖，可以选择穿汉服前往。如果自己没有准备，城中也有能够换装的专业场所。热爱剧本杀的朋友，更是不要错过在此感受江湖儿女快意恩仇的美好体验。

CHAPTER 04

洱海：
神仙何处游，云山晴归舟

环洱海看景，能听到它的呼吸和吟唱，能感受到它的波澜与宁静，有海没有的精巧婉约，有湖的静影沉璧，让人回味无穷。

苍洱彩霞 杨继培/摄

■ 带一本书去大理

洱海，一颗镶嵌在云南高原的璀璨明珠，是天神在滇西写下的最迤逦温柔的诗篇。

随着苍山隆升，洱海盆地逐渐演化为高原湖泊，构筑出山水相伴的格局。洱海湖面宽广深邃，碧波荡漾，宛如一位端庄大气的少女，时而英姿飒爽、意气风发，时而低眉含笑、娇美羞涩，流转着万种风情。在洱海，可以看日出，赏日落，惬意自在。自古以来，洱海一直被称为"群山间的无瑕美玉"，文人雅士留下许多赞美它的诗词。

洱海呈狭长状，因其形似人的耳朵，也有说它"如月抱珥"，故而得名为"洱"。洱海南北长约 42 千米，北起洱源县南端，南止大理市下关；东西宽 7~8 千米，西部苍山横列，东有挖色、海东等镇。水源丰富，平均深度在 10.8 米，最深处达 21.5 米，是仅次于滇池的云南第二大湖，有着"高原明珠"的美誉，大理

洱海：神仙何处游，云山晴归舟

人民亲切地称之为"母亲湖"。

它为大理带来温润的气候，孕育出灿烂的农耕文明，解决了农田灌溉和生活用水等问题，滋养着整座城市。从这片土地有人烟起，洱海就肩负起为生命提供养料的职责，有鱼、虾、蟹、贝等丰富的渔业资源，以及海菜花、茨菇、马蹄、茭白等湖中可食用的植物。

洱海宛如一条飘带，蜿蜒在大理坝子之间，有集苍洱风光精华的玉几岛，有金梭岛、南诏风情岛、小普陀、三圣岛等诸多小岛，还有许多美丽的海湾，其中较大的是海东湾、挖色湾、康榔湾、双榔湾。湖中辟有环湖旅游线，林木、村舍、岛屿、沙洲、湖沼、岩穴，风采各异，让人赏心悦目。

历史上，洱海曾被称为叶榆泽、昆弥川、西洱河等，唐时称作西洱海，后来改称洱海。作为高原大山里的内陆湖，潮起时它

洱海全景 杨继培／摄

■ 带一本书去大理

浪卷翻涌，平静时它清澈见底，具有海的气魄。虽然把洱海叫作"海"，但是先民的船从未驶出过苍山的视线。有一种说法是先祖们向往大海，对大海的印象停留在大而广里，因为地处内陆从未见过真正的大海，认为目之所及看到的便是海，于是"洱海"的叫法慢慢传开，延用至今。

洱海：神仙何处游，云山晴归舟

洱海风光，变幻多彩。早晨，薄雾轻笼，烟波浩渺；待到旭日东升，阳光把金色洒在湖面，波光粼粼，赋予洱海活力；当晚霞铺满天空，归舟泊岸，它带着几分慵懒，开始享受"下班"时光；月夜时，轻涛拍岸，湖面落着银盘一样的月亮，又是另一番景致。洱海与远处的天空融为一体，有着纤尘不染的蓝。它像一

绝美的高原明珠：洱海 杨继培/摄

■ 带一本书去大理

洱海：天光云影共徘徊 马玺皓 / 摄

洱海：神仙何处游，云山晴归舟

洱海红衫 马玺皓/摄

■ 带一本书去大理

面明镜，照见自然之美，以及因其孕育而生的人文之美；一泓清水、流云倒映，它用油画的肌理临摹着发生在这里的美好一切；它更像一把无弦的琴，海菜花、红嘴鸥、水杉都是曲谱上跳跃着的美妙音符，撩拨着深居在城市的人们的心弦。

坐游船畅游洱海是亲近它的方式之一，沿途可游览天镜阁、小普陀、金梭岛、南诏风景岛等景点。

洱海海菜花 杨继培 / 摄

洱海：神仙何处游，云山晴归舟

　　大理的浪漫和美好，洱海占一半。洱海边柳树环绕，湖面的涟漪往外扩散，湖面上星星点点，充满了灵气的洱海散发出古朴的韵味，连同万千种风情，一并揽入怀中，它的存在成为人与自然和谐共生的典范。

　　环洱海看景，能听到它的呼吸和吟唱，能感受到它的波澜与宁静，有海没有的精巧婉约，有湖的静影沉璧，让人回味无穷。

洱海公园 吴下小雎 / 摄

洱海公园：开启苍洱之旅

　　距火车站不到两千米，在洱海最南端的团山，有一座洱海公园，它是大理苍洱风景名胜区的旅游窗口之一，许多游客把它作为开启苍洱游的首站。唐时，这里被称为"息龙山"，是南诏王的养鹿场，山周围的海水像栅栏一样给鹿提供了天然的防护。公园占地约0.58平方千米，是一个三面环水的半岛，山上苍松翠柏、花团锦簇，山顶有望海楼、观海长廊、动植物园以及百花园等景点。

　　观海长廊的北边，有300级长长的青石台阶，直通公园的海滩。海滨的喷泉水池中，身姿矫健的白族渔家姑娘，用扁担挑着大鲤鱼的雕像与环境紧密联系，凸显了当地文化。望海楼的南边是百花园，园中有各种名贵的花朵，成为滇西重要的花卉培育基地。公园内码头可坐船游洱海，黄昏时景色很美。

洱海：神仙何处游，云山晴归舟

兴盛大桥：与夕阳约会

　　大理有许多桥。西洱河上最漂亮的桥，非兴盛路上的兴盛大桥莫属。兴盛大桥是大理桥梁史上耗时最长、跨度最大的桥梁，也是大理的地标建筑之一。

　　它由四座塔楼和两座拱桥组成。走在桥下，身后是欧陆风情的连拱桥，仿佛置身欧洲小镇的河畔。走在桥上，桥面宽敞，两侧栏杆用纯白色的大理石镶嵌。不光桥栏，桥体、立柱都镶嵌了

兴盛大桥 王雅琴/摄

洱海日落 杨继培/摄

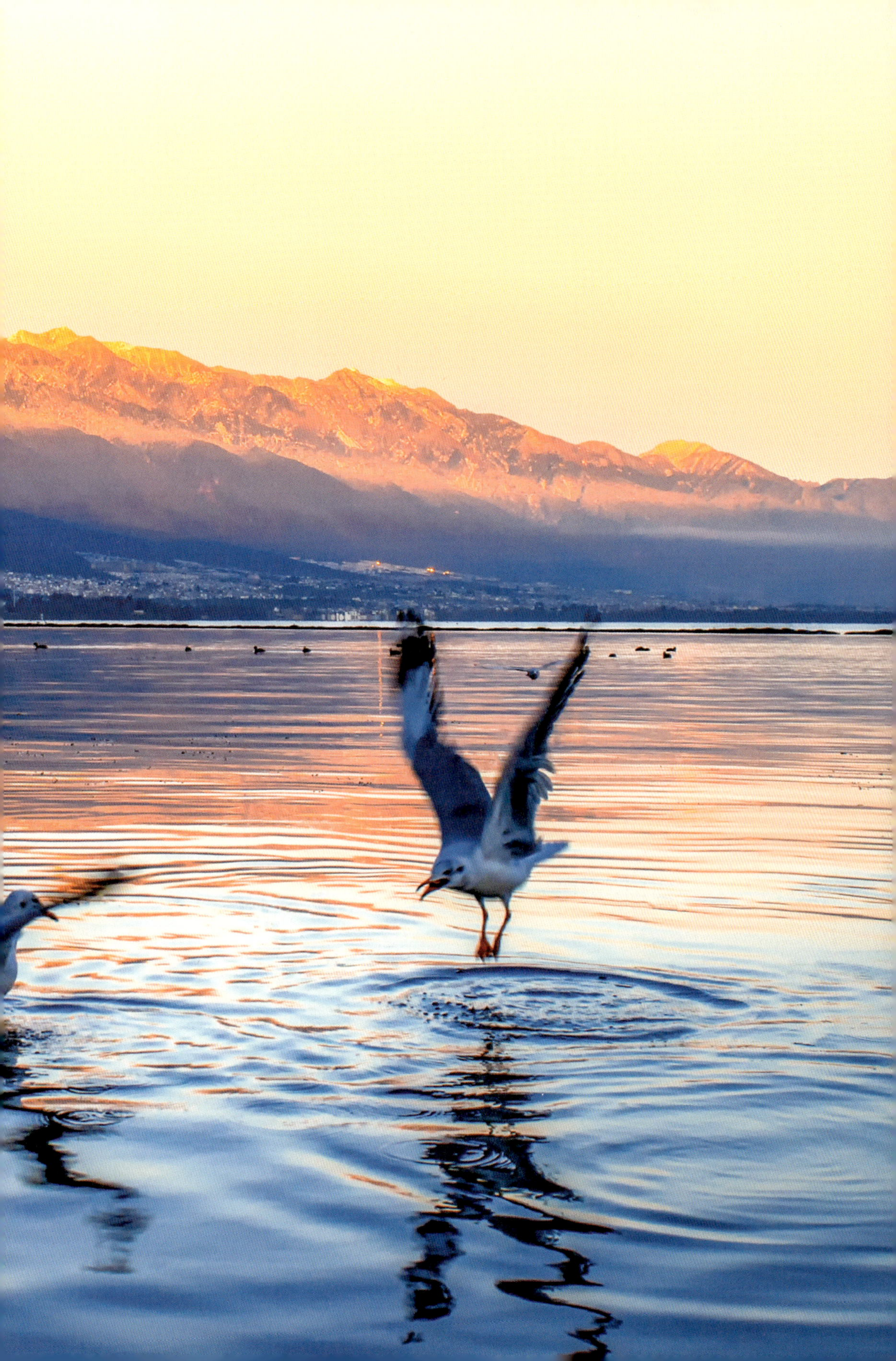

大理石，上面装饰有金翅大鹏鸟等大理白族传统文化中象征吉祥的图案。朝着桥中央走，河面越来越宽，凭栏眺望，兴盛大桥西跨洱河，守着洱海的出口，将传统和现代融合。

傍晚时分，夕阳穿过桥洞，形成"金光穿洞"之景。晚霞被绲上了明亮的金边，浪漫的氛围恰到好处。牵手的情侣披着光走过，拍婚纱照的新人惹人注目。可以在这里静静地看日落归于山海，感受大自然的魅力。

云想山：霞影入夜

洱海畔边的云想山是另外一种姿态。它成为大理一处新晋的打卡游玩之处，距离兴盛大桥6.5千米，坐落在下关镇南侧。

日落时分，来这里看晚霞。云想山视野开阔，苍山洱海装扮着城市群落展现在眼前，景色一览无余，在晚霞的映衬下，气韵柔和又壮阔。站在这里，可以看到大理市区全景：往北是下关镇的地标，有龙山公园的听风楼，远处是洱海风光；往西可以看到下关镇的老城街景，绵延起伏的苍山十九峰；往东能看到远处的金梭岛、银梭岛、理想邦等旅游景点。

山上草坪、观景平台免费开放，白色的悬崖礼堂在苍山洱海的背景下十分唯美，成为新人拍照的场地。在这里能看到远处的风车山。穿过咖啡馆顶楼的拱门连廊，来到"天空之镜"，这是利用镜面倒影蓝天流云，供人们拍照打卡的地方。云想山有路极项目，赛道蜿蜒；有免费的儿童游玩设施，修建了兼顾观光和运

洱海：神仙何处游，云山晴归舟

送游客的索道，方便游客上下山。周边景点有大理茶花谷。

好天气的傍晚，晚霞和城市灯光一同亮起，可以拍到电影质感的城市夜景和大面积的洱海。天空从蓝调时刻渐渐变成蓝黑色，直到夜幕降临。在山顶俯瞰城市的万家灯火，仿佛满天繁星点点璀璨，大理变身成为"爱乐之城"，浪漫又美好。

导航"路极主题公园"，看到山顶，到达终点再下车。这里是有风的地方，下关位于苍山和哀牢山之间长的山谷出口，连绵百里的苍山挡住了气流，风比较大，需要及时添衣。

理想邦 刘诺一 / 摄

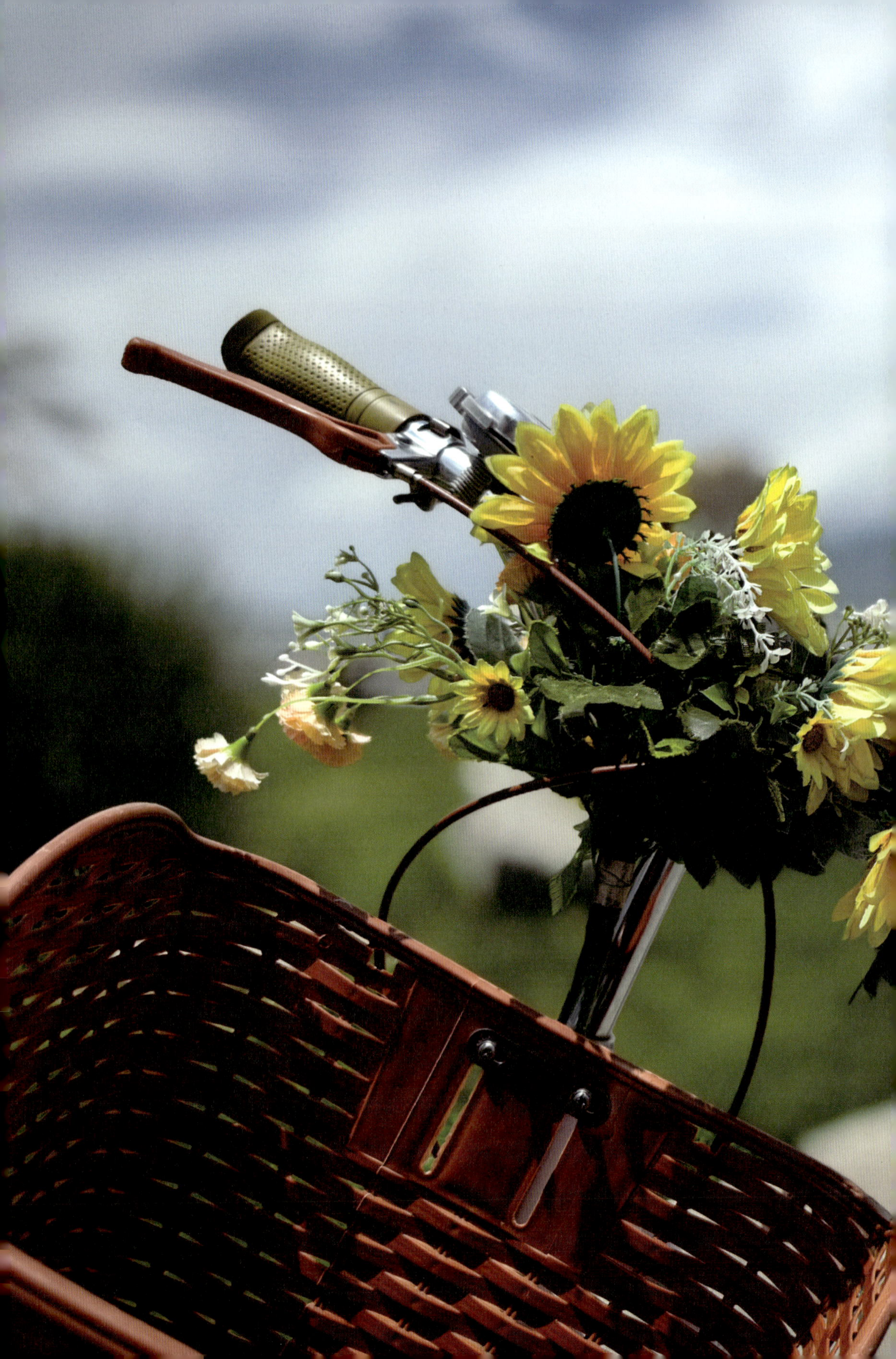

CHAPTER 05

海西骑行：
用最亲密的方式拥抱自然

骑上自行车沿着洱海湖畔由南向北前行，
一路可以尽情地欣赏湖光山色。

海西骑行 吴下小雎/摄

> 带一本书去大理

早在新石器时期，洱海西岸和东岸已有人类活动。洱海西岸因天然冲积形成了辽阔平原，土地肥沃，水源丰沛，适合农业发展，成为大理白族人的主要聚居地。

春季来到，坝子间杨柳新绿，蚕豆开出紫色和白色的花，大片金灿灿的油菜花随风摇曳；夏季里苍山如黛，碧色深沉，倏然而来的暴雨将洱海和天空都搅拌成浓郁的银灰色；秋天果子成熟，海东一侧的山林开始变黄，空气里弥漫着醉人的果香；冬日里，天青云高，行到高处远眺整个洱海，更加感慨这片开阔水域丝毫不负"海"之美名。

洱海环海公路的路况良好，尤其是海西一侧，沿岸地势多为平路，对骑行者的身体素质和技术要求都不高，非常适合喜欢感受田园气息和对人文历史感兴趣的旅行者。牵上一只可爱的太阳花笑脸气球，骑上自行车沿着洱海湖畔由南向北前行，一路可以尽情地欣赏湖光山色。

海西骑行：用最亲密的方式拥抱自然

生态廊道 马玺皓 / 摄

生态廊道：人与湖的共栖空间

　　为保护洱海，使久违的"洱海蓝"再现，当地环绕洱海修建了生态廊道，旨在通过物理隔离，保护生态环境。廊道绵延约129千米，连接了沿线100多个村庄，除了生态功能外，还兼具游憩功能，人们在这里亲近自然，与自然和谐共生。目前已建成使用的海西生态廊道长约48千米。廊道一边是自然古朴的村庄，一边是碧波荡漾的洱海。一年四季，每段都有不一样的风景。

　　生态廊道没有汽车道，顺着洱海的轮廓蜿蜒曲折，全沥青路面代替了坑坑洼洼的老旧路面。这里没有坡度，由一条4米宽的双向自行车道和2.5米宽的慢行步道组成。经常看到有轮滑爱好者在路上疾行。环海西路不允许外来车辆进入，游客可以租一辆自行车或者电动车，沿着生态廊道一路向北慢慢骑行，遇到好的风景随时可以停下来拍照。

　　海西生态廊道成了大理的一张新名片，入口阳南溪四季有花，薰衣草、海棠、蔷薇、千鸟花，各色花朵映入眼帘，成片的花海被白色的栅栏围起，与临海木栈道隔开。在这里，身处自然之景中，灵魂仿佛都被松绑。风憩云驻，脚踏单车一路向北，忍不住会在马路上引吭高歌。夜幕降临，在微弱的灯光和星月的伴随下，骑行的人们并不比白天少。

　　途中，你或许会邂逅闪着彩灯的主题音乐车。如果你想体验一下"移动小酒吧"的快乐，可以招手，随叫随停。在车上，可以请歌手唱你喜欢的歌曲，或者干脆自己站上前去唱一首。每个人都会点一杯酒水饮料，随着欢快的旋律，和陌生的朋友一起举

海西骑行：用最亲密的方式拥抱自然

生态廊道上挥手即停的主题音乐车 吴下小雎 / 摄

生态廊道骑行 吴下小雎 / 摄

杯共饮，放声同唱。在这样热烈的气氛中，最能体会到身心放松的舒爽。

既爱音乐又舍不下骑行快乐的朋友，可以选择骑车追随酒吧音乐车。车上的小灯明灭闪烁，在夜色中，仿佛一艘落入凡间的星星船，载着歌声，载着欢乐。

如果想要更轻松省力，当然也可以乘坐景区内的观光车欣赏沿线风景。目前已经开通阳南溪、五棵松、三圣岛、龙龛码头、才村、磻溪、海舌生态公园等多个运营站点。

洱海月湿地公园：观鸟赏湖

洱海湖畔沿途有许多湿地保护区域，大大小小的湿地公园星罗棋布。第一推荐的当数洱海月湿地公园，这里免费开放，当地人常去散步。它的位置自下关往北，沿洱海西岸延伸，南边毗邻大理国际奥林匹克体育中心。

水边有木船，岸边有一块圆形的大石头，走近一看刻着"洱海月"三个字，在湖水的映衬下，意境顿生。公园里亭台楼阁，小桥流水，鸟语花香。沿着栈桥前行可以欣赏湿地美景，栈道旁的科普牌会帮你认识很多种类的鸟，成为大理观察鸟类最方便的去处，非常适合亲子游。

这里有动植物栖息的良好环境，湖里的水草、草间的鱼虾，吸引着水鸟们"安营扎寨"长居于此，为洱海增添了几分生气和灵气。嘴形细长、凤冠头、顶端有黑斑的是戴胜，冠羽直竖时，

洱海月湿地公园 吴下小雎/摄

■ 带一本书去大理

戴胜 王一非/摄

洱海月湿地公园 吴小胜/摄

海西骑行：用最亲密的方式拥抱自然

大白鹭 王一非/摄

海菜花 王颖颖/摄

小背头秒变"朋克头",是一种辨识度极高的鸟。《山海经·西山经》中描述西王母"蓬发戴胜","胜"是古时妇女佩戴的头饰,像极了戴胜鸟头顶冠羽展开时的形状。还有一种被唤作"小机灵"的鸟,学名是白鹡鸰,白加黑的外衣让它在一众水鸟中非常容易辨认。此外,白鹭、绿头鸭、斑嘴鸭等"常驻民",在苍洱间翩然飞落,好不热闹。

每年5月到9月,海菜花迎风绽放,湛蓝的湖水上漂浮着洁白的小花,在阳光的照射下,像满天繁星,当地人也叫它"水性杨花"。海菜花的叶子长在水下,对生长环境的水质要求极高,只要水有污染,海菜花就会死亡,因此成为洱海水质的"风向标"。它的绿茎可以食用,大理人常用它做海菜芋头汤,是当地的家常美食。

三圣岛:洱海之心

沿海西生态廊道往北约5000米,来到三圣岛,这是个视野开阔的袖珍半岛,被誉为"洱海之心",占地约2900平方米。岛上怪石林立,树木众多,景色十分美丽。相传远古时候因为三位神仙在这里约架而得名。

三国时期,蜀国丞相诸葛亮曾在这里点将,以龙舟竞渡来选拔人才,胜者为千夫长,智取浪中锦囊之人为将。他还曾在此地抢渡洱海,四擒孟获。大理国的历代统治者都学着诸葛亮在此处竞渡选将,遇到重大盛事时也会来此庆贺,后来有为的进取青年、

海西骑行：用最亲密的方式拥抱自然

习武之人都会来三圣岛祈福。明末，诗、书、画"三绝"的担当禅师曾有言："一步三圣岛，三世人上人。"三圣岛由此声名大噪，虔诚来参拜之人更加络绎不绝。

如今的三圣岛虽然没有了昔日的点将台，但它依然保持着一份神秘和宁静，让人感受到一种与世隔绝的宁静和放松，电视剧《去有风的地方》曾经在此取景。

三圣岛岛上风光 吴下小睢 / 摄

龙龛码头：等一场最美的日出

如果要在洱海看一场美丽的日出，那么龙龛码头绝对是首选地点。它位于环海西路上，是隶属于白族村寨龙下登村的一个海边小码头，距离古城不远。

这里以前并不叫"龙龛"，相传大理国第十一代王蒙世隆曾秘隐在李家庄的海边渔村生活，长达8年，其间得到百姓的照顾，为了答谢他们的恩情，蒙世隆免除当地赋税，并将李家庄改名为"龙龛"，在白族话里是"龙居住过的地方"之意。

龙龛码头曾经是大理国时期的皇家码头，也是历史上重要的

在龙龛码头看日出 杨继培/摄

海西骑行：用最亲密的方式拥抱自然

龙龛码头 吴下小睢／摄

渔港和商贸码头。

码头全长204米，是一处开放性的景点，白族建筑照壁是此处的地标，上书"龙龛古渡"四个大字，左右两侧是两个月亮门"海月"和"天镜"，透过拱门框景，远处的苍山、近处的洱海饱浸了东方美学的意韵，更加秀美灵动。照壁背后，是一条专供拍摄的"海舌"，能够近距离接触洱海。照壁一侧，有宽广的平台，为游客们提供了直通水中的赏景台阶。

都说"大理三月好风光"，而龙龛码头四季皆美。立冬以后，夜霜给苍绿的水杉陆续披上"红装"，一片片"红云"灿然，与蓝色的洱海彼此映衬，格外迷人。从西伯利亚飞回来的红嘴鸥，多年来从不失约，它们按时飞回，在城市过冬，看中的正是洱海这片人和动物和谐相处的天堂。

　　清晨，太阳没有升起以前，码头很安静；当第一缕阳光洒在洱海上时，雾气退去，天空的云彩都被镀上了金边，红嘴鸥们发出欢快的叫声，低飞着四处散开，整个码头被唤醒。天空中是耀眼的五彩光芒，群鸥翔集，水中、岸边的红杉，在湖光山色的映衬下美得让人无法挪开眼睛。

　　特别提醒，想去水中和网红水杉树合照的游客，需要留意脚下的石头，石上的青苔会让脚底打滑；洱海里也有许多水草，下水有一定的危险性，不要随意冒险。

才村：在洱海边听潮观海的白族渔村

　　继续向北骑行，来到最近的洱海村庄——才村。这里是苍山美景的最佳拍摄地之一，湖水清澈、湖面广阔，可以在此乘船游览洱海。大片生态景观是才村湿地公园所在，因为人多，这里的鸟并不怕人。才村田畴开阔，田野花开遍地，一派田园风光。5月里象牙红树绽放，一片火红，插好的秧苗整齐地保持着间距，白鹭在水边悠闲地踱步。几分钟前，游人们还沉浸在湿地和田园的美景中，一个转角，古老的码头便闯入视野，留有原初的味道，站在废弃的码头隔岸远眺便

海西骑行：用最亲密的方式拥抱自然

海西才村码头日出 吴下小睢 / 摄

▎带一本书去大理

海西生态廊道上随处可见 S 弯道 吴下小睢 / 摄

是文笔村。

除了龙龛码头和才村，整个环海西路上的景点都适合看日出，可以在这两处往北或者往南走走，避开人群，选择另外的观日地点。

距才村2600米处是水花庄园，每年5~11月有绣球花海，需要购票进入。路过下鸡邑村，会看到一些临海的小树林，树干与树干之间拴着好多渔网做成的简易吊床，供人们休息拍照。

磻溪S湾：转角遇到爱

洱海边的网红打卡点很多，人潮涌动的磻溪S湾公路便是其中之一，很多恋人都爱在这里拍照留念，据说这里也是很容易邂逅爱情的地方。

海西生态廊道很长，这样流线型的弯道在环海西路的沿线上有很多，在一路向北而来的龙龛、才村、马久邑都有这样漂亮的弯道，每个转弯都带给游人新一波的赞叹。

珠联阁依着洱海而建，本主庙中供奉着佛教密宗的大黑天神，是救民于瘟疫的守护神。

廊桥：岁月的风景

　　位于大理州湾桥镇向阳溪的廊桥，因其独特的构造吸引了很多游客。站在桥上、桥下，透过桥洞望去都有不一样的风景，在这里很容易拍出具有电影感的照片。

　　廊桥由十几个半圆形桥洞如拱桥般连在一起，桥头延伸到洱海。历史上它曾是用来灌溉的水渠，现已不再使用。廊桥的尽头，有一棵树，它默默地陪伴着廊桥，在孤独中摇曳，一起承受着时间的洗礼。

冬日廊桥 王雅琴 / 摄

海舌公园：宁静的海滨绿洲

海舌公园可以将整个洱海尽收眼底，是一个既能看到日出，又能看到日落的地方。它坐落在喜洲古镇东侧约 3000 米的洱海边，是三面临海的长形沙洲，因延伸入洱海的部分由宽变窄，形似舌头而得名。海舌的大小受潮涨潮落影响，舌尖的部分有时露出，有时淹没。

在海舌半岛的入口处里有两棵依偎百年的大树，茂密的枝叶相互交缠，树根盘绕，人们称之为"夫妻树"，吸引着游人纷纷来此合影。

因为生态脆弱，海舌公园曾一度关闭。经闭园修复后，重新亮相的海舌公园，每天限制 200 人免费入园。想要入园需提前

海舌公园夫妻树 吴下小雎 / 摄

预约。运气好的话,夏天雨后天气放晴,能看到"海"上接虹桥的壮观美景。

俯瞰海舌,"舌尖"上有一颗巨大的"爱心",这里有"中国最佳爱情表白地"之称。岛上除了有鹊桥,还有云南省第一个公园式婚姻登记点。新人们沿着1314米的步道,走过520米的花路,以"苍山为盟,洱海为誓",在这么美丽浪漫的场景下,许下"执子之手,与子偕老"的甜蜜之约。

海舌公园 吴下小睢 / 摄

桃源码头：环海西路行的句点

海西生态廊道的终点在喜洲镇的桃源码头，与双廊隔水相望，也是观赏洱海的好位置。这里人少，入眼都是温柔宁静的湖水。在洱海畔看苍山，更觉苍山的高大，山顶被云笼罩，仙气飘飘。

此处是共享单车的还车点，可以异地还车，但费用较高。时间富裕的旅人可以去不远处的喜洲古镇看白族建筑，或是去周城体验一回扎染，让一棵植物在布上开出花来。从喜洲古镇有大巴可以乘坐返回大理古城。

环海西路沿途有小吃、饭馆、移动卫生间，出行方便。阳南溪、才村和桃源码头是共享单车的集中停靠点，其他地方车较少。短途游适合骑自行车，远一点的廊道可以选择共享电动车或者观光车。全程骑单车比较消耗体力，可以选择两种交通工具组合出行的方式，体验环海西路游玩带来的双重快乐。

特别提醒的是，骑共享单车扫码即可，随时随地可以还车，不用回原点；从当地个体出租者手里租车，价格上便宜一些，车筐里有花，美观适合拍照，但需要回租车处还车；共享电动车无法进入廊道；观光车招手即停，按站收费。最后一点，做好防晒工作。这里地处云贵高原，海拔略高，紫外线较强。不管几月天，在大理，每天都是需要防晒的一天。

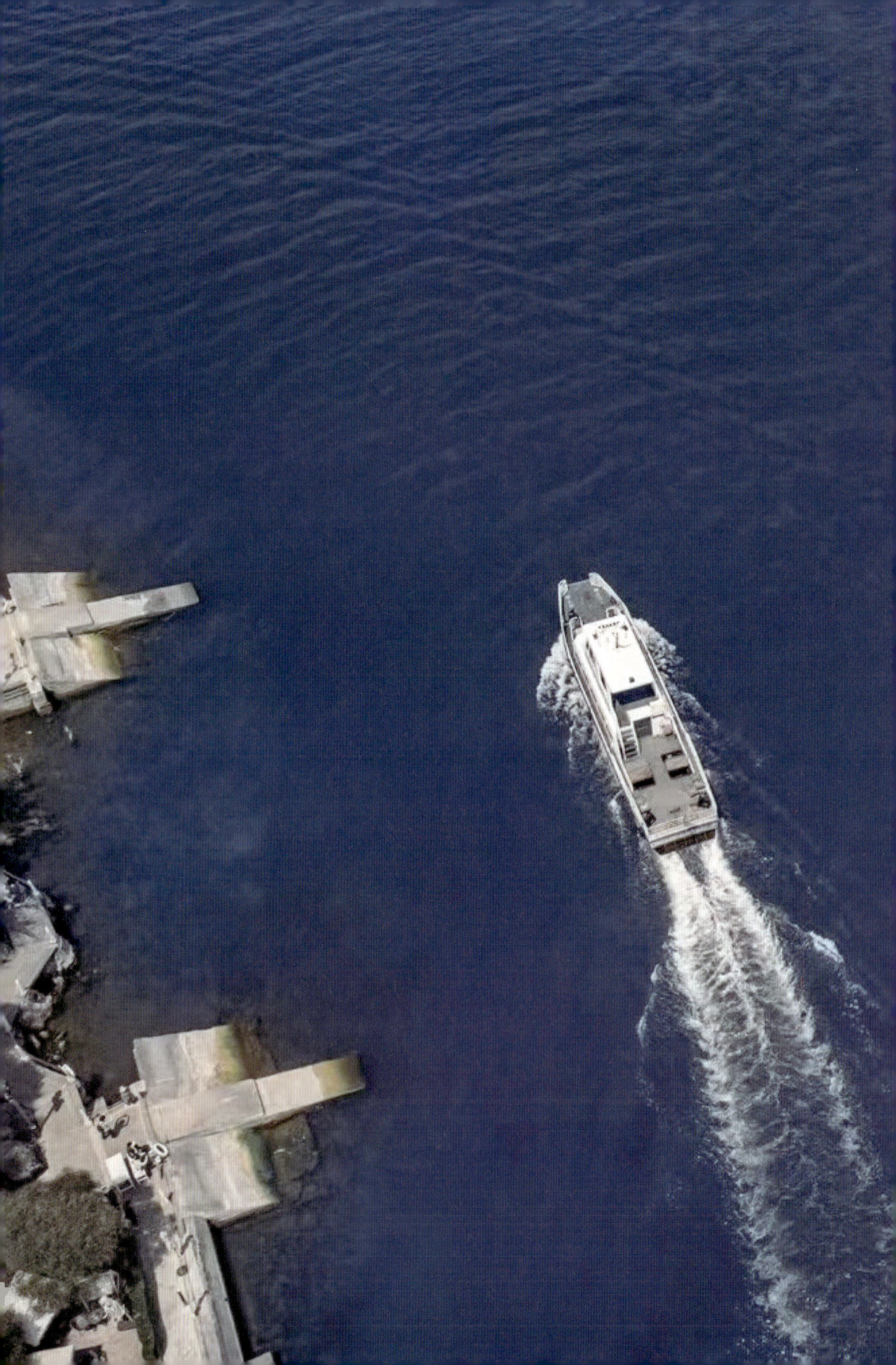

CHAPTER 06

海东自驾：
让心飞驰在山水间

环海公路就如同一根丝线，将洱海沿岸各具特色的白族传统村庄、湿地、景观等串成"珍珠项链"。

双廊古镇　马玺皓 / 摄

对于自驾爱好者来说，没有人能够拒绝在环海东路飞驰的快乐。在大理，租车十分方便，只需要很少的费用，便可以租上一辆车况良好的敞篷跑车。做好防晒工作，就可以放飞心情了。

驶上环海东路，仿佛就踏上了一段寻找自我的心灵之旅。沿着公路由北向南前行，可以看到碧波荡漾的洱海和连绵起伏的苍山。阳光透过云层洒在湖面上，波光粼粼，美得让人心醉。

环海公路如同一根丝线，将洱海沿岸各具特色的白族传统村庄、湿地、景观等串成"珍珠项链"。洱海湖水澄澈，波光粼粼，自然壮阔；沿线的农田、渔船和连成片的白族村庄风情满满，与周围的山峦、田野交相辉映，构成一幅幅美丽的画卷。

行驶在聚集了天地间灵气的洱海边，仿佛置身于一幅天然的水墨画中，让人心旷神怡，不由得膜拜造物主的匠心独运。来大理，不要错过银苍玉洱；来洱海，更不可错过这份环海观光的快乐。

双廊：梦开始的地方

双廊古镇，位于洱海东北岸，是云南省省级历史文化名镇，有"苍洱风光第一镇"之称。小镇一面临洱海，三面环山——西眺苍山险峰，南邻"蓬莱仙岛"小普陀，东临"佛教圣地"鸡足山，宛如一颗镶嵌在碧水蓝天之间的璀璨明珠，景致绝佳，故而素有"大理风光在苍洱，苍洱风光在双廊"的美誉。

双廊历史悠久，文化灿烂，是大理地区重要的新石器时代和青铜器时代的文明发祥地之一，是南诏大理国的重要军事要塞和水军基地，是唐天宝战争、清杜文秀起义的古战场。

双廊原是洱海湖边的渔村，村民临湖而居，靠洱海为生，很多民居房舍都建在洱海边上，窗下就是洱海。

双廊是古老的。这里有毗舍战场遗址、正觉寺、玉几庵、金榜寺、飞燕寺、红山景帝祠、青山摩崖石刻等14处历史文化古迹，保存完整的明清历史文化街区。漫步在双廊古镇的石板路上，看古老的店铺门上悬挂着充满岁月感的招牌；街边穿着白族服饰的老阿奶守着小吃摊，殷勤招徕客人；通往洱海边的狭长巷道，两侧是墙体斑驳的古老民居，一时间有种穿越时空，回到若干年前之感。古镇上，有百处典型白族明清传统民居院落，青瓦白墙，飞檐翘角，每一处都透露着浓厚的历史底蕴和文化气息。街巷间，老树参天，绿意盎然，与古朴的建筑相映成趣，构成一幅幅美丽的画卷。

双廊又是现代的。随处可见的咖啡馆弥漫着慵懒时尚的气

双廊古镇 马玺皓/摄

■带一本书去大理

海东自驾：让心飞驰在山水间

玉几岛 马玺皓/摄

■ 带一本书去大理

刘诺一 / 摄

吴下小雎 / 摄

海东自驾：让心飞驰在山水间

美丽双廊 杨继培/摄

息，坐到靠窗临湖的位置上，点上一杯饮品，面朝洱海，感受水天一色、苍穹浩渺的意境。还有一排酒吧街，每当夜幕降临，华灯初上，热情的服务员就会拿着酒水单走到店外邀请每个经过的客人。几乎每个酒吧，都有自己拿得出手的乐队或者歌手。

双廊古镇的美，不仅仅在于其古色古香的建筑和宁静的街巷，更在于其绝佳的自然风光。行走在古镇中，随时可以欣赏到洱海的绝美景色。近处的洱海与远处的苍山相映成趣，构成一幅幅如诗如歌的风景画。黄昏时分，夕阳的余晖洒在洱海上，波光粼粼，更是美得令人心醉。

在双廊古镇，时间仿佛变得缓慢而宁静。你可以在这里放慢脚步，感受那份悠闲与惬意。可以在街角的茶馆里品一杯香茗，或是在海边的酒吧里听一首怀旧的金曲，又或是在古老的民居感受那份历史的厚重和文化的瑰丽。

海东自驾：让心飞驰在山水间

双廊夜景 杨继培 / 摄

这座静谧又浪漫的小镇，以其古朴典雅的建筑风格、宁静幽深的街巷和绝美的自然风光吸引着无数游客。

双廊周围还有南诏风情岛和玉几岛，往返都需要乘船，航程大约 5 分钟。

南诏风情岛并不大，但是适合打卡拍照的景点不少：沙壹母群雕码头、"云南福星"广场、南诏避暑行宫、白族本主文化艺术广场、海滩综合游乐园、太湖石景群落及渔家傲别景等。

玉几岛是洱海三岛之一，也是大理最著名的半岛，因岛上有玉几庵而得名。岛上有大理开国皇帝段思平之妻杨桂仙的修行故居，还有民族英雄杜文秀水军炮台基地。电影《五朵金花的儿女们》《洱海月》等都曾在此拍摄取景，集苍洱风景之精华，有"苍洱风光第一村"之盛誉。

金梭岛：神女投梭

金梭岛是洱海里最大的岛屿，位于海东镇西南的洱海之中，因为从空中俯瞰，形似织布的梭子，故而得名。岛屿两端较高阔，中部较狭，岩石裸露，中夹小片土地。全岛长约 2500 米，平均宽 370 米，总面积约 74 万平方米。传说是天上一位善于织造彩锦的神女，不慎将自己的金梭遗落于洱海中，金梭幻化成岛，成为一道美丽的风景线。

南诏时，金梭岛被称为"中流岛"，因其环境幽静秀美，气候宜人，南诏王曾在这里修筑"舍利水城"，作为自己的避暑行宫。舍利水城红墙黄瓦,气势恢宏,同时还建有望海楼、钓鱼台、御花园等。海滩上还准备了雕龙画凤的花船供王公贵族们出行之用。每年盛夏,南诏王便携皇亲国戚们上岛避暑。

明代白族学者李元阳曾作诗称赞金梭岛美景:

"天生异石似金梭,欲织银苍水上波;一树珊瑚藏海底,清光夜接月中娥。"

岛上有白族渔村的本主庙,其中供奉的本主为张姓的三位太子。庙前有对联"万里锦绣江山金梭宝岛占一,祖国灿烂大地舍利水城独居",横批是"功隆德昭"。

金梭岛上还有一座"龙宫",是岛内形成的天然地下溶洞,属于喀斯特地貌,全长 1300 米。

前往金梭岛需要乘游船,航程约 5 分钟。岛上可以观看鱼鹰捕鱼表演,还能一边听白族调子,一边品尝白族三道茶。

金梭岛 刘诺一/摄

■ 带一本书去大理

挖色小普陀：洱海之印

　　从双廊出发，沿环海东路往南驱车15千米，就到挖色古镇。挖色古称鲁川，是洱海东岸重要的政治、经济、文化中心，有着丰富的历史和文化底蕴。在白语中，挖色的古称是"汪申"，"汪"意为"挖"，"申"意为"颜色"，因此"汪申"就是"挖颜色的地方"。这也反映了挖色地区历史上以采挖颜料矿石为主要产业的特点。

　　挖色镇最著名的景点就是小普陀。它是一处高出海面2～4米的石灰岩小岛，形状类似一颗圆形的印章，因此也被称为"海印"。相传这是观音大士开辟大理时留下的镇海之印，用来镇住蛟龙，保护渔民。

　　岛上有一座精巧别致的两层楼阁，始建于明朝，原名叫"观

挖色小普陀 吴下小睢 / 摄

挖色小普陀 吴下小睢 / 摄

音阁"；后因其在水中的位置颇似神话中观音所居之地普陀，故改名为"小普陀"。观音阁内供奉着观音菩萨，是小普陀的主要景点之一。楼阁小巧玲珑，四角飞檐，远远望去，楼阁立在湖面上，犹如一枚加盖在洱海水面上玲珑剔透的印章。

尤其值得一提的是，这里是环洱海一圈中海鸥最多的地方。

游览小普陀的最佳时间是清晨，这时海面上水汽氤氲，小普陀若隐若现，宛如仙宫。待登上小普陀，只见四周雾气涌动，犹如笼罩着洁白的轻纱，这就是洱海八景之一"岚霭普陀"。此外，小普陀周围有很多卖油炸小鱼和洋芋虾饼的小食摊，很多渔获都是早上才打捞上岸的，不妨品尝一番当地美食。

文笔村：大理小镰仓

小普陀往南 5 千米左右，是文笔村。

曾经的文笔村，是一个不起眼的小渔村。如今，与大理古城隔海相望、面朝苍山洱海的文笔村，凭着沿湖而居的独特地理位置，已经成为游客如织的网红村。

文笔村坐落在半山上，静谧古朴，仿佛童话小镇一般。从高处俯瞰，能看到超美的海岸线，有"大理小镰仓"之称。在这里，可以看到有一条彩虹公路，因为巧妙地利用了坡度，在视觉上形成了直通洱海的效果。村中有以鸡蛋花、仙人球、地涌金莲等热带植物为主的沙生植物景观，随处可见拍摄婚纱照的新人。

此外，环海东路上，还有"理想邦""鹿卧山""白玛夕海岸"等景点适合拍照打卡。

海东自驾：让心飞驰在山水间

文笔村 吴下小睢/摄

CHAPTER 07

大理古城：
穿越时光巷道，
感受千年之美

家家户户的庭院里花木扶疏，屋檐的水滴悄悄滑落，被风一吹，氤氲着花香的烟火气便被飘散到古城的各个角落。古城的风情和魅力，在山水间展示出无穷的韵味。

大理古城一隅 马玺皓／摄

■ 带一本书去大理

　　打开大理的方式有很多种，去古城是最为生动、直接的一种。这里一年四季鲜花不断，春日里赏山茶、春樱、玉兰花，夏季可观荷花、绣球、蓝花楹，秋日更是美不胜收，金黄的银杏叶随风飘落，丹桂、菊花，还有半边莲、火球花（千日红）热情绽放，就连冬日，也有浪漫惊艳的冬樱盛开。漫步在古城街头，自在惬意，随意走上五步、十步便是一景。家家户户的庭院里花木扶疏，屋檐的水滴悄悄滑落，被风一吹，氤氲着花香的烟火气便飘散到古城的各个角落。古城的风情和魅力，在山水间展示出无穷的韵味。

　　明代人文地理学家王士性在《广志绎·卷五》中不禁这样夸赞："乐土以居，佳山川以游，二者尝不能兼，唯大理得之……雪与花争妍，山与水竞奇，天下山川之佳莫逾是者……余游行海

大理古城文献楼　杨继培 / 摄

内遍矣，唯醉心于是，欲作菟裘，弃人间而居之。"行遍天下的王士性愿意在此养老，由此观之，大理自古就是非常宜居之地。

古城前世：中华六朝古都，千年国际陆港

大理古城，位于大理市西北侧，距下关13千米，在苍山洱海间形成了"一水绕苍山、苍山抱古城"的城市格局。古城内分布有14处市级以上的重点文物保护单位，承载着大理的历史文化、宗教文化、民族文化，是大理的旅游核心区。

大理古城的历史源远流长，自南诏国开始，唐宋500多年间，大理作为南诏、大长和、大天兴、大义宁、大理国、大中六个地方政权王朝的都城，不断被改造、扩建、完善，先后孕育了南诏国和大理国的独特文明，形成了白族文化。

大理古城始建于明洪武十五年（1382），明太祖朱元璋派沐英平定云南后，在大理国故都阳苴咩城遗址范围内修建而成。城呈方形，方圆6千米，城墙外层为砖砌，开四门，南门楼承恩楼与北门楼安远楼相对，东门楼洱海门与西门楼苍山门相错。这是采用了典型的白族建筑中"东西南北不取中正"的原则。古城上建城楼，下有卫城，有南北三条溪作为天然屏障。城内由南向北纵贯五条大街，自西向东横穿八条街巷，形成棋盘式的街道分布。城内重心整体偏西，由南至北的轴线上有四座楼，分别是南门楼外的文献楼、南门楼和城中的五华楼以及北门楼。

大理与西安、北京、洛阳、南京、开封同为享有盛名的古都

带一本书去大理

城市，在茶马互市的岁月里，汉族、白族、藏族、傣族、纳西族等各族人民用双脚踩出了一条崎岖绵延的茶马古道。作为南方丝绸之路的交汇点，亚洲各地文明在这里融合，古城记录了商业贸易、文化交流的点点滴滴，构成了大理独有的魅力。8~12世纪的大理，规模宏大、经济繁荣，有着厚重的文化底蕴，被称为"东南亚第一大古都"，同时连接茶马古道及西南、西北、海上丝绸之路的文化、宗教、经济贸易交流，可谓"中华六朝古都，千年国际陆港"。

岁月沉淀，古城静候在此处，向世人展示着这片古老土地上的深刻印记。

大理古城：穿越时光巷道，感受千年之美

古城今生：时光中的棋盘，纵横流动的景致

大理古城的城市布局是遵循传统的棋盘式结构，街道纵横交错，五横四竖，所以有"九街十八巷"之称。这些街道，大多由青石板铺设而成，还别出心裁地引来了苍山的清溪流淌其中，令街市更加鲜活生动。每条街道都有不同的韵味，随机选择一条"City Walk"（城市漫步），都不会令人失望。

"五横"指人民路、护国路、玉洱路、银苍路、平等路。

人民路位于古城的中心区域，东起洱海门，西至214国道，是古城重要的商业街。白天的地摊、餐厅满足着出行人们的各种需求，晚上的酒吧、街头演唱的独立音乐人，让这里越夜越热闹。

古城北门三塔门之安远楼 吴下小睢/摄

护国路位于古城中心，又叫"洋人街"，西起滇藏公路，东临洱海，连接博爱路、复兴路，充满浓郁的地方特色和异国风情，还有许多好吃的特色餐厅。

玉洱路西起苍山脚下，东至洱海之滨，全长2000米，在这里可以沿途欣赏古城的风景，逛到路中段可以去玉洱园赏花，还可以游览附近的景点，如普贤寺、蒋公祠等。

越过玉洱园的北门，便来到了银苍路，这里非常安静，是喜欢独处之人的天堂。这里保留着古城的特色风貌，有很多小众别致的小店。漫步银苍路，选择一家咖啡馆或者茶馆，坐下来慢慢享受悠闲的古城时光。

平等路上人较少，生活气息浓郁。抬头就能望到苍山，在这里取景与苍山合照是个不错的选择，向着苍山方向可以走到北门大菜市场。平等路3号的变压工厂，将旧有的老厂房蜕变、新生成现在大理有名的沉浸式文化创意园区。

"四竖"指博爱路、复兴路、广武路、叶榆路。

博爱路和复兴路上游人如织。博爱路的尽头是北门大菜市场，这里有地道的风味小吃。从南门楼进入，复兴路贯穿整座古城，可以一直走到三塔门，沿途有很多有意思的小店。

广武路连接银苍路、玉洱路、护国路、人民路这几条东西向的主干道，这里聚集了整个古城最多的古着店，上午9点就可以吃到美味的早午餐，喝杯咖啡说不定会附赠一场音乐表演，一路上有许多宝藏小店等你去探索。

叶榆路全长约1000米，开满了各色餐厅和咖啡店，门口经常坐满了享受阳光和静谧时光的人们。

大理古城：穿越时光巷道，感受千年之美

玉洱路银杏叶 马玺皓/摄

文献楼：古代文化之光

从下关沿着 214 国道向北走，在进入大理古城前看到的第一道门楼便是文献楼。

文献楼位于古城南门外 1000 米处，雄浑典雅，是大理古城的标志性建筑。始建于清康熙年间，是一座两层歇山式土木石结构的镝楼，旧时是朝廷迎送达官显贵的门户，百姓也会在这里话别亲友，楼下可以避风雨，供人休息，战时用于加强防御，素有"大理第一门"之称。抗日战争期间，文献楼被毁。恢复重建的文献楼，保持了原有的建筑风格，并在原有基础上扩大了规模，主楼高 24 米，东西长 60 米，南北宽 30 米，建筑面积达 1600 多平方米，既有清代建筑特点，又富有白族民族特色。雄伟壮丽的文献楼横跨在由南入古城的通道上，这个通道让人们暂时跳出都市喧嚣，留一些时间和空间给自己，去感受历史的古往今来。

还未进入古城，就先感受到大理浓浓的文化之风。楼额上悬挂有云南提督偏图在康熙四十年（1701）所题的"文献名邦"匾额，"文献楼"便因此而得名。匾额两侧是清代文人周仁所写的长联，介绍了大理古国风情，对其赞誉有加："溯汉唐以还，张叔传经，杜公讲学，硕彦通儒代有人，莫让文献遗风暗消在新潮流外；登楼台而望，鹫岭夕阳，鹤桥小路，熙来攘往咸安业，但愿妙香古国常住于大世界中。"楼的东墙上有刻着"张叔盛览故里"字样的石碑，传说西汉时居住在此地的张叔、盛览二人，求学于文学家司马相如，返回后在大理传播汉文化，是大理最早的汉文化传播者。

大理古城文献楼 杨继培 摄

■ 带一本书去大理

南门楼：承载古城记忆的丰碑

经文献路，来到南门楼外。每年 11 月中旬，冬樱盛开，到翌年 3 月，春樱也如约盛放，古城街道两旁的樱花开得如云似霞，明艳灿烂，掩映着南门楼愈加古色古香。

南门楼承恩楼，也称"双鹤楼"，是古城四城门之首，始建于明代洪武十五年（1382），是古城最古老雄伟的建筑，也是游客必打卡之处，和北城楼同为现存下来较完好的两座古城楼。南城楼城墙于 1998 年在原城墙遗址上修复，保持了原有的明代建筑风格。城门上的"大理"二字，是郭沫若亲笔题写，熠熠生辉。登上城楼，可以走一段城墙，凭栏远眺，苍山、弘圣寺塔、古城的景色尽收眼底，是拍照的视野绝佳处。向南看是文献楼，东边是残破的城墙，极少有人驻足。每晚 8 点，南门附近的总统

大理樱花灿若云霞 马玺皓 / 摄

大理古城：穿越时光巷道，感受千年之美

南门樱花 马玺皓/摄

兵马大元帅府前的广场上，都会举办篝火晚会，当地居民和外地游客一起载歌载舞，热烈欢乐的气氛让每个经过的人都忍不住加入其中。

继续向北行，去往五华楼的路上，途经大理市博物馆，面向大众免费开放（周一闭馆），馆址位于清代云南提督衙门、原杜文秀帅府旧址内，一万多件藏品涵盖了从新石器时代到近代的珍贵文物，其中包括"东汉青铜双龙衔柱摇钱树""明舞乐俑""明彩釉陶十二生肖""明四大天王木雕像"等重要藏品，有兴趣的游客可以前去探馆。

五华楼：曾经的"国宾馆"

沿着南北走向的主要街道复兴路一路向北，五华楼是游古城必去的景点之一，它并不是古城的中心，位置处于古城中心偏西南。据史书记载，五华楼"方五里，高百尺，上可容万人，下可建五丈旗"，规模大到已经不是一栋简单的小楼，是可以容纳得下万人的一座城了。相传南诏王劝丰佑夜梦"五凤来仪"，于是

五华楼夜景 吴下小雎 / 摄

发愿建五华楼。历史上，南诏国时期为了接待四方宾客，把这里打造成豪华的"国宾馆"。楼的左右两侧亭台楼阁、曲水环绕，有着花园美景。五华楼命途多舛，躲不开地震、战争、火灾等天灾人祸，这里三建三毁，并且越建越小，都因在苍山上找不到重建五华楼所需的巨树支柱，导致其规模格局已经远远不能与最初同日而语。这里出土过70余块元碑，现保存在大理市博物馆碑林。

现在看到的五华楼于1998年重建，沿袭了明朝的建筑风格，主体建筑高20多米，一台三楼，基座像四方的城墙一样，上面有三层木结构阁楼，基座之下，复兴路从拱门穿过。基座的四个方向，各有一座风格相同的亭子，供人们休息。作为古城的制高点，它见证了大理的兴衰，是观赏古城全貌的首选之地。登上五华楼，回廊的设计让视野更加开阔，360度全景俯瞰整个大理古城，青黛色的苍山近在眼前，下关景致隐约可见，两层小白楼富有民族特色，让人感慨这座古城一千多年前的繁华。

西北角的外墙，晚上会播放老电影《五朵金花》。华灯初上，这里又是另一番景象，少了几分肃穆，多了几分柔软。

多彩红龙井：清泉石上流

五华楼向南一个路口是红龙井，这是一条400多米长的景观街，因"清泉石上流"的景观多了几分意趣而受追捧。四根龙柱守护的"玉白菜"背后流传着一个传说。孝子为救母，按照梦中老者的话去古城寻找一颗玉白菜，寻到后，向四条看守玉白菜

■ 带一本书去大理

的红龙说明缘由，红龙感动于他的孝心，将玉白菜摘下送给他。孝子因此治好了母亲的病。贪心的财主知道这件事后，冒充孝子前来，被红龙识破，将其踩死，红龙井因此而得名。苍山的溪水潺潺流下，流入古城后便有了这条水景街。唐宋时期，大理城就已经形成了"街街流水，户户养花"的动人风貌。

　　街道两旁具有白族建筑风格的店铺鳞次栉比，俨然有序。白天这里清幽静谧，有着小桥流水人家的诗情画意，夜色下的红龙井摇身一变，呈现出现代都市的热闹与繁华，有歌有酒，有释放，有狂欢。红龙井的日与夜，多彩和谐，坚守着自己的文化和传统，又接纳着外来事物与之融合。

夜色中的红龙井灯红酒绿 吴下小雎／摄

大理古城一隅 马玺皓/摄

人民路：繁华又文艺是它的标签

  人民路是大理古城最精彩的部分，它地处古城中心区域，呈东西走向，是一条窄而缓的坡道，可以一路从洱海门朝向苍山上行。人民路保存有大理最完整的一片老房子。今天这里已不似从前宽敞和安静，而是人流穿梭，各种各样的小店沿着街道两侧比肩而立，吃喝玩乐俱全，能满足一切生活所需。街道两侧一字排开的摊位上，小到首饰，大到家里摆件，品类众多，琳琅满目，很容易就能淘得一两件喜欢的物件。人民路的中下段，摊主变成了清一色的大学生和嬉皮士，这里曾是地摊文化的"天花板"。

  走一趟人民路，便知道了最近国内旅游业的流行风向，是古城人和外地游客都爱逛的一条路。这里的夜晚也是音乐的天下，每天都像在过艺术节：文艺青年、手作达人、咖啡师齐聚于此，带给这条路不同的生活方式,酒吧、餐饮、客栈弥漫着自由随性的气息,与古城融合,也见证了这里不一样的包容性及国际范儿。

  位于人民路中段的一个巷子里,有白族建筑特色的天主教堂可以参观,它建于1927年,是中西合璧的典范作品。这里也是大理州第一个用幻灯片投影放映电影的地方。

古城一隅 马玺皓/摄

古城一隅 马玺皓/摄

古城一隅 桓儁 Hyde/摄

洋人街：中外文化碰撞的活力街区

离人民路一街之隔的大理洋人街，原名"护国路"，是一条东西向宽7米、长约1000米的青石板路。"护国"之名，源于民国初年勇敢的云南人民反对袁世凯称帝，起兵护国。20世纪80年代，大理旅游业兴盛，位于这条路上的红山茶宾馆被定为涉外酒店。这里有面向外国友人的客栈、酒吧、西餐厅，设施完善。国外游客在这里得到了舒适的旅游体验，因而云集在此。

现在的洋人街各行各业兴起，店铺所售商品目不暇接，比红龙井热闹，比人民路安静，整条街上回荡着欢快的小调。它带给人们新鲜的外来文化，世界的、民族的在这里完美融合，中国的、西方的在这里碰撞出火花。

洋人街 吴下小睢 / 摄

■ 带一本书去大理

玉洱路：古城人的秘密花园

玉洱路，从苍山门开始贯穿古城。若是 11 ~ 12 月期间，可以赏银杏，漫天铺地的金黄，拍照打卡，十分出片。

玉洱路中段北侧，有一个大隐隐于市的公园——玉洱园，占地约 18000 平方米，不算特别大；于游客而言，也不十分出名，却是本地人的心头好。玉洱园集中了白族建筑的精华，外部是精巧华美、飞檐翘角的白族门楼和三方照壁，围墙也是色彩明丽的檐裙彩绘图案，精巧秀美。

园中有巨大的大理石堆砌的多边形白族花台，上面栽种了三棵铁树。花木拥翠、奇花名卉更是数不胜数。园内设了七处花木

玉洱园 吴下小睢 / 摄

区，茶花、杜鹃、马樱花、牡丹、月季、梅花、竹园，并请文人题字作画，以诗画装点，更增雅趣。尤其值得一提的是，这里被称为"国际茶花杰出公园"，有许多名品，每年春季更是赏花的好时节。

园内装点以石为主，有美人石、大石庵、石马井、石牛等景点，还有石砌矮墙、石碓灯座等，典雅的月亮门、浪漫的小拱桥、精致的假山，在水面倒映出温柔的影子，相映成趣。

选一个阳光明媚的午后，像一个古城本地人一样，漫步园中，看光线透过枝叶，花影轻轻摇曳，心中无比宁静。可谓是"花枝不断四时春，园景不负游园人"。

逛完这些景点，来到西门楼苍山门，从这里可以俯瞰东西向的玉洱路。出了苍山门，便出了古城。几小时的参观游览，却穿越了大理古城千年的时空。这是来古城游玩大众常走的一条路线，但是不拘泥于这条路线，还有更多景点可以根据自己的喜好，选择性地去观赏游玩。如果想逛市集，那么出苍山门跨过214国道就是三月街；如果对电影感兴趣，可以去电影博物馆看展览；如果对建筑有研究，可以去大理王府参观。此外，还有文庙、武庙等，只有身临其境，才能真切感受到大理古城的魅力。

如果你在古城的夜色中，看到一大群人围着篝火载歌载舞，千万别害羞，大胆加入他们，一起领略这份专属大理的自由奔放。

古城像一幅流动的画卷，将自然与人文完美融合，在与都市接轨、多元文化交流的同时，传承古老的文明，散发独特的地域特色，让人心生敬畏，又流连忘返。

CHAPTER 08

漫步喜洲：
白族风情第一古镇

脚步从容的喜洲人，到时间播种，到季节收获，在麦田和稻田间过着悠然的耕读生活。

喜洲喜林苑和麦浪 飞翔的荷兰人 / 摄

出大理古城沿大丽路（大理—丽江）往北约18千米，坐落着一座千年历史的白族文化名镇——喜洲古镇。这里地势西高东低，地理环境十分优越，在苍山洱海之间显得格外灵秀，自然风光美不胜收。214国道、大丽公路、新环海西路从古镇西面、中部、东部南北贯通，交通便利。

喜洲古镇历史悠久，是白族的聚居地。这里有浓郁的民族风情，保存了最多最好的白族民居建筑群，不少都是明、清、民国时期的，有着数百年的历史，比如明代杨士云的七尺书楼，清代赵廷俊大院，民国时期的严子珍大院、董澄农大院等。无论从人文历史、田园风光，或是古建筑群来看，喜洲都像是大理的微缩版。

历史上的喜洲

喜洲古镇距今已有上千年的历史。西汉时，汉武帝将蜀地和身毒（今印度）之间的道路作为商道发展经济，在洱海地区设立益州郡，同时管辖叶榆县，叶榆县的县治就在今天喜洲一带。因隋文帝的将领史万岁南征时，曾在叶榆驻兵，后人称其为"史城""史睑"。唐时，这里是南诏大理国的重镇大厘城所在地。

"史睑"一词，源于唐朝时，南诏人称州为"睑"。（据《新唐书》：夷语睑若州，曰云南睑、白崖睑。）

至于后来为何改名"喜洲"，有两种不同的说法。一个版本是古文字"史"在书写的过程中讹误，写作"喜"所致。另一个版本则比较浪漫，传说是为了纪念一段美满姻缘。唐朝时期，六

漫步喜洲：白族风情第一古镇

鸟瞰喜洲古镇 杨继培/摄

诏部落中实力最强大的是蒙舍诏，诏王的孙子炎国晟，因为比武失手误伤武三思，剑拔弩张之时，一位聪明的女子救出炎国晟，化险为夷，她正是大厘城白王的三公主。二人后来喜结连理，成婚当日，白王请蒙舍诏诏王为大厘城赐一个新名，诏王看到墙壁上的"喜"字，脱口而出"喜州"，因近水之故，人们便把"州"改为"洲"，相沿至今。

后来南诏王皮罗阁统一六诏，在喜洲建行宫，大量的移民迁居到此，形成了深厚的大理白族历史文化。

喜洲因商而兴，自古以来商贸繁荣。唐代流传下来的《河赕贾客谣》记录了背井离乡的喜洲人为谋生计，忍受酷暑严寒，想要归家而不能的窘迫实况。明清时期，经茶马古道四海通商，富商大贾云集，谱写了很多传奇。靠人背，靠马驮，走南闯北的商帮翻越大山，渡过大江大河，去远处寻找商机，历经艰辛，一路上不知洒下多少汗水和泪水。至光绪年间，形成了大理历史上名扬四海的"喜洲商帮"。

以"喜"为名，是自古以来的用字偏好，有寓意美好的情感表达；以"洲"为域，足见其在命名之初地幅的广阔、规模的盛大。20世纪40年代，老舍在《滇行短记》中盛赞喜洲："镇外的牌坊，高大、美丽，通体是大理石的，而且不止一座呀！我想不起，在国内这么偏僻的地方，见过这么体面的市镇，进到镇里，仿佛是到了英国的剑桥。"路上跑着小汽车，家里有电灯，有电影可看，有电话可用，喜洲俨然就是当时云南最繁荣的小镇。

风吹麦浪，四时风光不同

喜洲呈狭长形，散布在苍山脚下的 55 个自然村中，有一半靠洱海，有着丰富的水产，剩余的村子里有大片的稻田和麦田，是大理的"鱼米之乡"。

村里有两棵古老的大青树，这对夫妻树是镇子风水的象征，枝繁叶茂，护佑着村里的百姓。在大理，差不多每个村子都有大青树，它的成活表明这里的水可以用来生活，人们会在此处定居下来。农闲时白族人游春舞活动的队伍也会绕着它狂欢，到了秋天，树上有许多鹭鸶到访，成为喜洲特有的景观。

喜洲麦田小火车 吴下小雎/摄

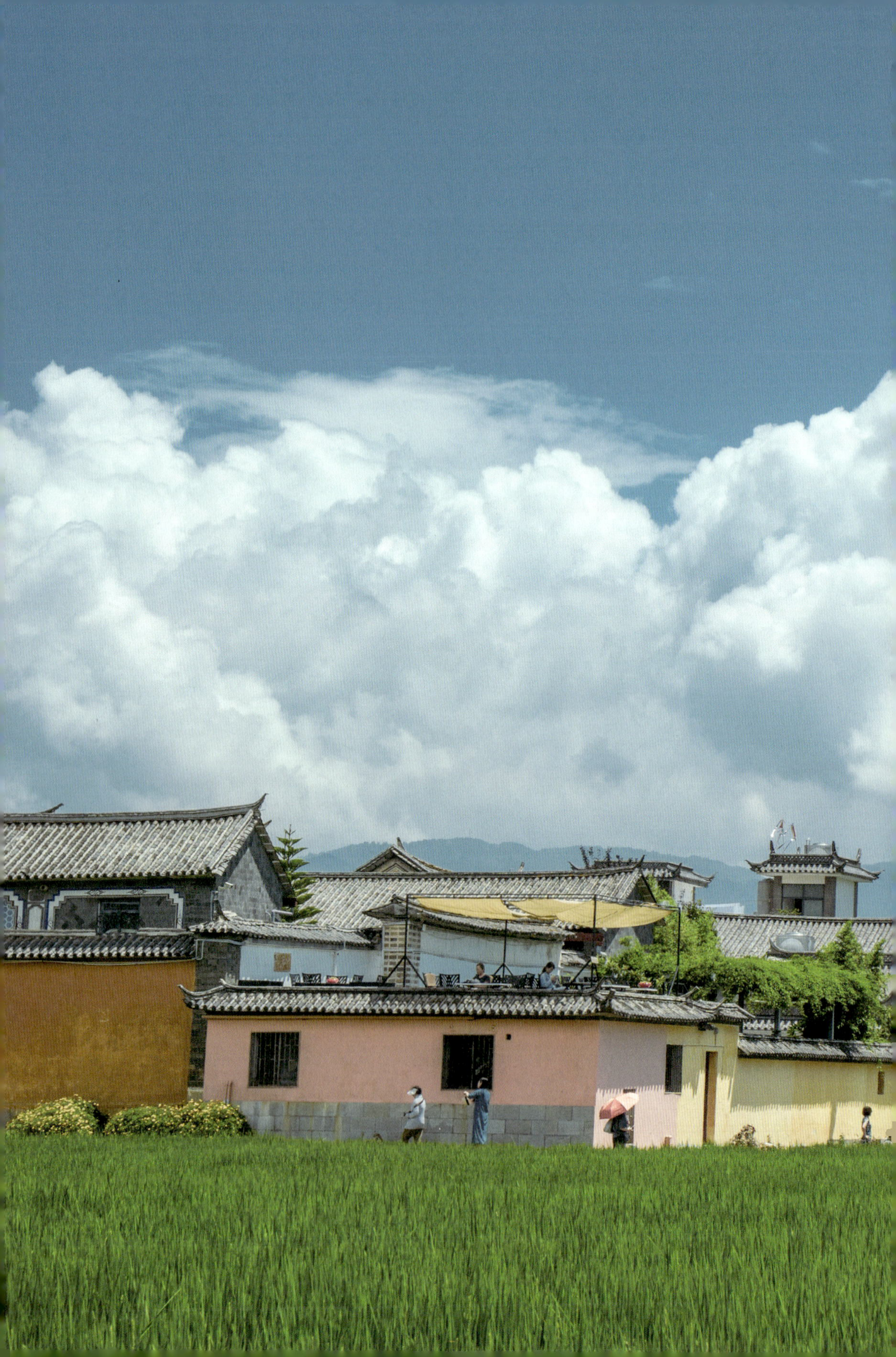

喜洲麦浪 飞翔的荷兰人/摄

喜洲的田野是一个四季都能欣赏到不同风景的地方，在这里可以邂逅宫崎骏笔下色彩绚烂的童话世界。喜林苑的不远处就是油菜花田和稻田。2月下旬，油菜花陆续开放，到了3月的盛花期，远远看去是一片浩浩荡荡的鹅黄，有铺天盖地之感。油菜花的花期持续到4月，漫步金灿灿的花海间，十分惬意。

5月到8月，放眼望去都是舒服的绿色，温婉的田园风光让人心绪宁静，可以治愈都市人的精神内耗。国庆节前后，这里变成耀眼的金黄，印染出一片丰收在望的盛景。赶在稻子没有收割前，来感受一下稻浪吧——站在稻田里等风来，挤挤挨挨的稻子随风摇曳，稻香沁人心脾，闭上双眼，张开双臂尽情去感受。人在这里会忘记时间的流走，体会到与世隔绝的美。蓝天青山与喜林苑的灰瓦红墙相互辉映，在清晨和傍晚柔和光晕的加持下，随手一拍，横屏风光辽阔、田野广袤，竖屏层次分明、诗意生动，都是景致绝美的照片。

往洱海方向走几百米，有一块麦田，每年三四月都会有游客来这里感受风吹麦浪的诗意。到了五六月，远处民居的白墙掩映在成片绿油油的麦田中，此时的喜洲像是油画里的田园小镇，内敛宁静，治愈人心。往南走，离古镇南约1000米处有一条稻田公路，苍山入画，沿着柏油村道从夏天碧绿、秋天金黄的稻田里穿过，暂别步履匆匆的城市生活，享受一段不被打扰的安静时光。

脚步从容的喜洲人，到时间播种，到季节收获，在麦田和稻田间过着悠然的耕读生活。从外地赶来的旅人，也在这里歇歇脚，让自己期盼已久的慢生活从梦想照进现实。

独具一格的民居建筑——白族大院

喜洲古镇从古至今并无城墙，只有东、西、南、北四扇城门，其中西门正义门最为出名。进入正义门，就进入了喜洲古镇。作为正义门地标的城门楼魁阁，是古时求取功名之人常来发愿之地。今天，人们仍沿用这个流传下来的习惯，每当考学之际，就有学子前来祈愿。

古镇规模不大，一条老街纵贯南北，两侧是民居商铺和作坊。镇子的中心是四方街，它见证了喜洲的"黄金时代"，几条主街道再以四方街为中心，向四周辐射，形成街巷纵横、互为交通之势。

第一次来的朋友，走在四面通达的街道，像进入迷宫一样绕来转去，不妨先看看观览图，及时纠偏。

来到喜洲，要来这几处地方走走看看——

转角楼是喜洲的标志性建筑，始建于1945年，位于喜洲镇大界巷37号。它外圆内方，呈半圆状，复古感浓郁，共三层楼高，是民国时期商住两用的房子，内饰上极具民国风情，记录着镇里过往的故事，成为喜洲最早的网红打卡点。

漫步金花故里，穿过街道，路过小巷，每一步都是在与历史对话。作为大理文化的发祥地之一，市井之中保留了许多不同于其他地方的民居古建，明、清、民国时期上百座深宅大院林立。近看，它们古朴典雅；远望，建筑群落像一座城池。岁月流转，现在这些民居建筑有的建成了博物馆，有的被国家收回另作他用，有的建成了宾馆。

喜洲的白族民居建筑中，以严、杨、董、尹为代表的"喜

■带一本书去大理

洲商帮"四大家修建的宅院最为气派华丽，其中严家大院因保存较为完整，汇聚了白族文化精华，被列为省级乃至国家级重点文物保护单位。

宅院始建于清光绪三十二年（1906），1986年进行修复，建成严家大院博物馆，位于四方街西南角富春里1号，是"喜洲商帮"领军人物严子珍的故居。这位商业巨贾不仅有经商头脑，并且重视文化教育，20世纪30年代末，他出资建苍逸图书馆，这是大理历史上第一座公共图书馆，就全国范围来说，也是当时最早的一批乡村图书馆。

严家大院占地面积2400多平方米，庭院幽深，是一座多进格局的大院，即一个较大的住宅由几个院落组成不同形状的"重院"，院院相套，融贯一体，属于白族民居史上大户人家才有的建筑单元。门楼高大有顶，木质结构与砖瓦部分的搭配相得益彰。民居建筑采用石木结构，印证了民间"大理有三宝，石头砌墙墙不倒"的俗语。

主院是严家主人居住的地方。二号院是"三坊一照壁"的白族民居建筑风格。白族民居以西方房间为主房，南北两方房间为厢房，便是"三坊"。主房朝东，可以赏日出，

漫步喜洲：白族风情第一古镇

喜洲网红打卡地：转角楼 吴下小睢 / 摄

主房对面的院落白墙就是照壁，太阳西下，照壁上的阳光反光到院内，科学地解决了院子的采光问题。白族人家用丰富的表现手法使照壁具有装饰性和功能性，墙面上花木绘画栩栩如生，有题字、大理石画，同时兼顾主人身份、声望以及阴阳风水，与院落很好地融为一体。

曲径通幽处，再往里是严家人居住的内院。三号院别有洞天，由四方房屋组成，正中为庭院，与汉族的四合院相似。白族作为农耕民族，民居建筑与中原民居建筑一脉相承，然而受地域环境、高原气候的影响，加上独特的地域文化，白族人民因地制宜，呈现出和而不同的一面。四方交接处各有一个小院、一个天井，加上大院中央的主天井，呈现"四合五天井"的特有布局，在有限的空间中将建筑与天地融为一体，融入传统文化中天人合一的哲学思想，将建筑天赋表现得淋漓尽致。曲折楼廊连通上下，楼下是开放式前廊，楼上有窗子封闭的前廊厦台，目光所到之处，砖、石、木处处锦纹，回廊的宽度可以供马通过，形成"走马转角楼"的特殊构造。

四号院用来待客，曾是各地商客和社会名流商谈生意的场所，同为"四合五天井"的建筑布局。每个院子可以自成一院，分别满足不同人的生活需求。院子与院子之间相互连通，形成院落，又便于信息传递，满足大家庭的互动。

建筑装饰上，"粉墙画壁"是白族民居的一大特色。墙刷成白族崇尚的白色，檐口彩画宽窄不同，饰有色彩相间的装饰带，再通过几何图形布置成花鸟、山水、书法等文人字画，营造出清雅的情趣。白族人重装饰，不遗余力地去装点，飞檐翘角、雕梁画栋，每处细节都是生活的呈现。精致的斗拱彩画、雕花的门窗、生动的泥塑、照壁上的彩绘，使得整个民居建筑呈现出典雅大方、古朴别致的民族风韵，颇具文化内涵。墙上绘的图案多以牡丹、松鹤、竹子为主，既有白族文化明显的民族风格和地方特色，又与中华民族文化一脉相承。

除了白族传统建筑外，严家大院还有现代建筑。后院有一座1936年建的西式小洋房，设计上中西合璧，每扇窗下镶嵌有一幅大理石画。整座洋房的设计和施工人员，均是严家从上海等地聘请，建筑材料从香港购买，经海路、滇越铁路、公路，最后由马帮运回，平时待贵客用。徐悲鸿和老舍都曾入住过这里。

大理白族民居精华集中在喜洲古镇。去严家大院看院落，去古镇东北角的董苑就要看门楼了。屋主人董澄农在建筑上打破了三开间的布局，建成了照壁中体量最大的民居。位于喜洲镇大界巷21号的赵府，建于清末，是进士赵亭俊的府邸，一进四院，也是古镇的标志性建筑之一。历尽沧桑的老宅院储藏了丰足的记忆，向人们诉说着过去的故事。

聪慧的白族人借民居建筑表达着自己的思想认知和对生活的理解。居融于景的白族民居建筑，集先民的智慧与创造力于一体，经过历史的沉淀，岁月的打磨，走进人们的视野，带来最直观的感受，为中国建筑史增添了浓墨重彩的一笔。

CHAPTER 09

非物质文化：
匠人匠心，民族传承

大理的手艺人，以专注的态度、精益求精的品质精神，热爱、守护、弘扬着自己掌握的那份古老技艺。

能歌善舞的大理人民 杨继培／摄

■ 带一本书去大理

在历史的长河中，勤劳智慧的大理人民，通过世代相传，保留了各种精湛的手工技艺。大理的手艺人，以专注的态度、精益求精的品质精神，热爱、守护、弘扬着自己掌握的那份古老技艺，使得千百年之后，这些历经岁月的民族艺术文化仍然在被传承和发展，成为宝贵的非物质文化遗产，在中国民间艺术的璀璨星河中熠熠生辉。

大理这块美丽的土地上居住着汉族、白族、纳西族、回族、彝族、苗族等众多民族，其中白族人口居多，大理是全国唯一的白族自治州。热情奔放的少数民族，有自己独特的节日，盛大热烈，从古延续至今。

如果说，白族的匠人精神展现了他们对技艺的精湛掌握，那白族人民对传统节日的热切之情则体现了他们对于民族文化的热爱与传承，这样的精神也为现代社会提供了宝贵的文化遗产和精神财富。

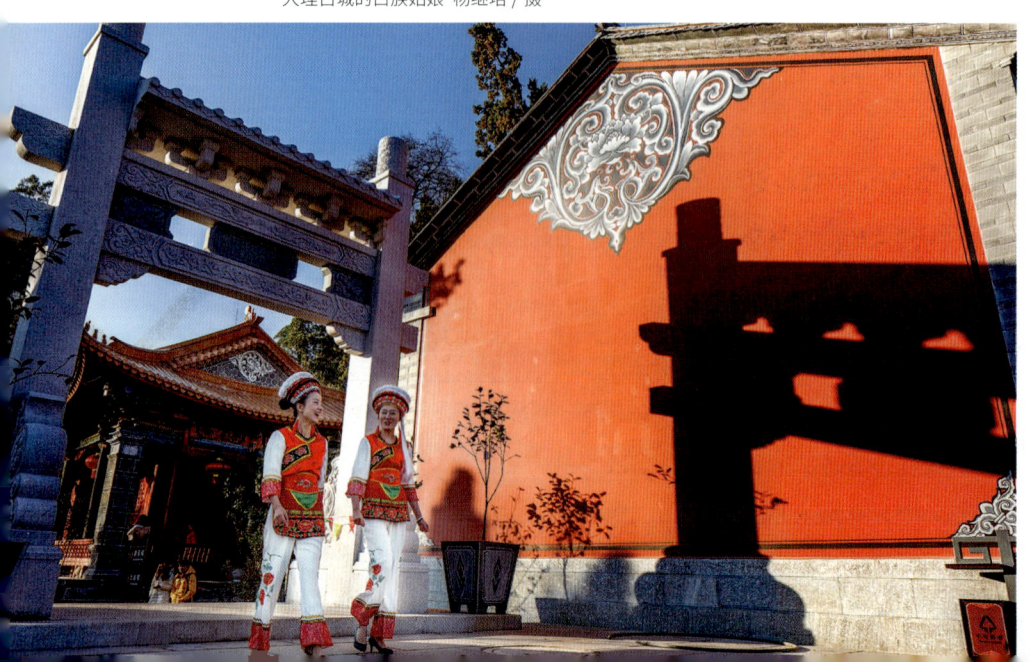

大理古城的白族姑娘　杨继培／摄

下关沱茶：洱畔金韵

云南沱茶，创制于大理下关，品质极佳，故而下关沱茶最负盛名。著名学者陈邦贤曾在《自勉斋随笔》中盛赞"沱茶又以下关的沱茶为最上品。茶味颇浓，颜色呈金黄色，而且耐泡"。几乎每个大理人都喝过。它和云南白药、云烟一起，被誉为"滇中三宝"，其重要地位可见一斑。

下关沱茶是紧压茶类，加工演变的过程源于明代的普洱团茶和清代的女儿茶，距今已有一百多年的历史。它的外形呈碗臼状，看起来像一个底部中空的馒头，也有人说它像个矮壮的窝头，十分可爱；茶叶色泽黑润，条索紧致，冲泡出汤金黄清亮、香气扑鼻、滋味醇厚、回甘明显。饮下的每一口茶汤，仿佛都能感受到苍洱之间的清新与灵动在舌尖跳跃。

大理咖啡：古树醇香

中国咖啡的源头在大理市宾川县平川镇朱苦拉村，这是一个与楚雄、丽江交接的彝族村寨。1892年，法国天主教传教士前往宾川传教，他为自己起了一个中国名字"田德能"。他托同事通过滇越铁路从越南中部带来一株咖啡苗。经过几年时间，试种的咖啡树结出了果子。他又陆续用掉下来的种子繁衍出了中国最古老的咖啡林。

朱苦拉日照充足，雨量丰富，昼夜温差大，纬度与海拔高度

> 带一本书去大理

适宜小粒咖啡生长需要的良好气候和生态环境，这些恰到好处的自然条件为优质咖啡的培育提供了保障，才有了酸味适中、口感柔和、浓郁醇厚的咖啡。朱苦拉古咖啡林是中国现存树龄最高的小粒种咖啡林。这里的咖啡树施用有机肥，拒绝化学肥料，是真正的绿色生态食品，成为高品质咖啡的标志地。

大理独特的气候和土壤条件，赋予了本地咖啡独特的花果香气。在种植和加工过程中，更注重可持续发展和生态友好，保护当地的生态环境和生物多样性。今天，大理咖啡以其口感醇厚柔和、花果香气浓郁、口感层次丰富等特点，得到更多人的喜爱。

大理咖啡 吴下小雎 / 摄

非物质文化：匠人匠心，民族传承

周城白族扎染：蓝染时光

大理的白族扎染技艺，是一种极富民族特色的传统纺织品手工染色技艺，历史悠久，列入国家级非物质文化遗产。喜洲镇的周城白族扎染业最负盛名，被文化部命名为"民族扎染之乡"。

扎染，古称"夹缬""扎缬""绞缬"，也叫"疙瘩染"，是中国古老的染织工艺。白族扎染的历史最早可以追溯到唐朝贞元年间，距今已有1000多年的历史。据记载，南诏王异牟寻曾组织了一场盛大的乐舞表演，舞者所着舞衣"裙襦鸟兽草木，文以八彩杂革"，即为扎染而成。

扎染是用线、绳等工具在织物上用扎、缝、缚等手法打绞成

白族扎染 杨继培/摄

结后，再进行印染，染后再把打绞成结的线拆除的一种印染技术，主要步骤包括画刷图案、绞扎、浸染、蒸煮、晒干、拆线、漂洗、碾布等。其中最关键的步骤就是绞扎手法和染色技艺，共100多种变化技巧。扎染所用的染料为板蓝根等天然植物，织物一般选择白色的棉布或者棉麻布。扎染图案丰富，有基本的几何图案、花鸟虫兽或景物符号等，多半寓意吉祥美好。成品多为蓝（青）底白花图案，色彩朴素雅致，蕴含清白之意。

剑川木雕：滇南木语

剑川木雕主要产于大理州剑川县，迄今已有1000多年的历史，是国家级非物质文化遗产。据史料记载，唐代时，南诏五华楼木雕构件就是由剑川木匠制作完成的；宋代时，剑川木雕匠人进京献艺，名动京师。清代学者张泓在其《滇南新语》中记述："滇之七十余县及邻滇之川黔桂等省，善规矩斧凿者，随地皆剑民也。"由此可见，当时剑川木雕匠人已数量众多，技艺精湛，声名远扬。

剑川木雕是白族人民在吸收汉族和其他民族的文化和生产技术后，逐步形成的一种独特的精湛木雕技艺。造型内容主要为动物、花卉等，纹样层次丰富，细节栩栩如生，具有很高的实用价值和收藏价值。

千百年来，剑川木匠在一锤一凿间，将手艺代代相传，将剑川木雕发扬光大。

剑川木雕之乡 杨继培 / 摄

剑川木雕 杨继培 / 摄

瓦猫：屋顶守护者

大理瓦猫作为云南省的非物质文化遗产，是别具一格的镇宅神兽，以陶土制雕塑最为常见。有的瓦猫憨态可掬，看起来十分"蠢萌"；有的则威武霸气，充分彰显了其镇宅驱邪的作用。它们坐在房梁上，张开大嘴，为主人家吞下邪祟。

关于瓦猫，还有一个温馨的传说。苍山脚下住着一对善良的夫妇，丈夫在砍柴回家的路上捡到了一只小猫，就把它带回家。无儿无女的夫妻俩把小猫当孩子一样养大。随着小猫渐渐长大，夫妻俩日益变老，难以维持生计。小猫很懂事，它会去村寨里寻找帮助，善良的白族人给它吃食，它把这些吃食拿回家供养两位老人。一日，夫妻俩驾鹤西去，小猫在房顶上哀鸣，纹丝不动地蹲坐着，守护夫妇俩的老宅，直至自己生命的终结。村寨里的人为了纪念小猫的忠诚，以它为原型，让泥瓦匠用五色土塑造了一个雕像。从此，在房顶上放瓦猫的习俗逐渐广为流传。

大理瓦猫 飞翔的荷兰人／摄

非物质文化：匠人匠心，民族传承

杨世昌作品"龙凤呈祥"凤羽砚 吴下小睢/摄

凤羽砚台：墨香留影

洱源县凤羽古镇出产的凤羽砚台至今已有400多年历史。砚石取自凤羽鸟吊山北麓，质料柔软细腻，石色墨黑纯净，需要经过12道工序才能制作完成，成品具有易于磨墨、涵养水分、砚盖凝珠、有墨不腐等特点。作为云南非物质文化遗产，凤羽砚台具有很高的使用价值和艺术欣赏价值。喜欢书法的朋友，不妨挑选一方自己喜欢的砚台带回家。

三月街：一街赶千年

一年一度的"三月街"是大理白族自治州的传统节日，也是白族盛大的节日和假期。每年农历三月十五至二十一，各族人民身着节日盛装，云集于此。这里不仅是做买卖的盛大物资交流会，还是赛马、对歌、射箭、滇戏、花灯等活动的盛会。三月街期间，全州都会放假，让每一个大理人都能共赴这场千年不衰的节日盛会。

三月街有着深厚的文化内涵和悠久的历史，它起源于唐朝永徽年间（650—655），由讲经庙会演变而来，开市之初带有宗教色彩。相传观音大士用白语给17个信徒讲经，观者如云。于是南诏先王细奴罗在此建立市集，才有了"千年赶一街"的约定。明代《徐霞客游记》中明确描述了三月街"十三省无物不至，滇

非物质文化：匠人匠心，民族传承

中诸蛮物无不至""男女杂沓，交臂不辨"的热闹场景。

三月街又叫"观音市"，这和观音降服食眼罗刹的传说有关。1500年前，叶榆泽（洱海）有一个专门吃人眼睛的罗刹，当地百姓深受其害，苦不堪言。观音从天而降，巧施法术收服罗刹。因为担心他死灰复燃，"年年三月十五日，众皆聚集，以蔬食祭之，名曰祭观音处。后人于此交易，传为祭观音街。"（《白国因由》）。百姓每年三月十五日，带着贡品来祭拜观音，祈求保佑。据说慈悲的观音大士为了不耽误百姓生计，让来祭拜的人们同时可以做些买卖，三月街的传统由此形成。

经过半个多世纪的发展，这"一街赶千年"的盛会，仍有看不到尽头的货物，挤不散的人群。作为白族的传统节日延续至今，成为一种无法割舍的节日情怀和文化认同。在这里，能看见最具当地特色的民俗活动和淳朴的各族人民。

大理三月街 杨继培/摄

白族绕三灵：狂欢盛会

"大理白族绕三灵"又称"观上览"或"祈雨会"，是农闲时节白族民间自娱性的迎神活动，也是游春歌舞的盛大集会。作为国家级非物质文化遗产，绕三灵是白族人民为了求雨祈福、祭祀本主而举行的盛大传统节日，也是白族村寨里最具特色的活动之一。绕三灵起源于唐代南诏时期，在一千多年前的唐代《蛮书》中就有记载。

绕三灵的会期为农历四月二十三日至二十五日，共三天。在这期间，不论男女，都会身着节日盛装，从各个村子徒步前往至大理古城的城隍庙，然后从这里出发朝拜"三都"。"三都"指"佛都"崇圣寺三塔、位于喜洲镇庆洞村的"神都"圣源寺本

绕三灵 飞翔的荷兰人 / 摄

主庙和位于洱海边的"仙都"洱河神祠。

他们手执祈雨的柳枝,敲打金钱棒、八角鼓,唱着欢快的"大本曲",弹着"洞经古乐",跳起霸王鞭,载歌载舞,狂欢娱乐。通过绕三灵活动,人们祈求风调雨顺、五谷丰登、六畜兴旺,同时也表达了对本主神灵的敬仰和崇拜。

白族火把节:一天星斗落人间

火把节是云南许多民族的共同节日,其中以白族和彝族的火把节最为隆重,也最具代表性。大理的火把节,具有深厚的民族文化内涵,在农历的六月二十五日举行,为期三天,被称为"东方的狂欢节"。对于白族人而言,是个仅次于春节的盛大节日。

火把节还有一个浪漫诗意的名字,叫作"星回节",传说与阿南公主有关。

"汉元封间,叶榆(今大理)妇阿南者,为酋长曼阿娜之妻。娜为汉将郭世忠所杀,欲妻南,南曰,能从三事当许汝:一做幕以祭故夫;一焚故夫衣,易新衣;一令国人皆知我以礼嫁。忠如其言。明日,聚国人,张松幕祭其夫,下置火。南藏刀出,俟炽,焚夫衣,即引刀自断其颈,仆火中。时六月二十五日也,国人哀之,每岁以是日燃炬吊之,名为星回节。"

其实在白语中,"星回"即"柴火"之意。

火把节的白天,全家齐聚祭祖。太阳落山前,各家早早吃完晚饭,扶老携幼出门观看跑马和火把。

在白族人眼中,火把象征着光明、希望和繁荣。

夜幕降临,村村寨寨都会点燃一个高一二十米,用松枝堆起的巨大火把,顶端安一面旗,旗杆用竹竿串联三个用竹篾扎成的升斗,寓意"连升三级",还会在升斗四周插上写有"国泰民安""风调雨顺"之类吉祥话的小纸旗。

烈焰腾空之时,鞭炮齐鸣,锣鼓喧天,火星四溅飞落,人们的欢叫声此起彼伏,场面极为壮观。元代诗人文章甫笔下"万朵莲花开海市,一天星斗落人间"写的便是这个场景,年年如此,岁岁不减。

人们不分男女老幼,都会穿上节日盛装,围着篝火载歌载舞,祈求五谷丰登、人畜兴旺。胆大的人们还会从火堆上跳过去,以示勇敢。

火把节上熊熊燃烧的巨大火把 廖冲霄 / 摄

火把节的高潮是耍火把。青年男女会准备好一个点燃的小火把，带上一包特制的松香粉，遇到相熟的朋友或者心仪的异性，抓上一把松香粉扔到火把上，火焰会"轰"的一下腾起老高，这叫"敬上一把"，有赶走身上坏运气的寓意。青年们彼此相视一笑，喜气洋洋。

火把节也是青年男女们传情达意，向心上人表白的好时机。

剑川石宝山歌会：以歌觅偶

剑川石宝山歌会是剑川县白族地区盛大的民族传统节日，每年农历的七月二十七至八月初一举行，距今已有上千年的历史。届时，来自剑川、洱源、丽江、大理、兰坪等地的白族群众齐聚于此，弹奏三弦，即兴对歌，以歌觅偶，纵情狂欢直至通宵达旦。此外，歌会期间还会举办特色美食节、篝火晚会、非遗集市、书画展览等活动。

石宝山歌会是白族歌谣诞生的摇篮，被誉为"歌的海洋、情的故乡"。歌会上以对唱的白曲"山花体"（即第一、二、三句唱词为 7 个字，第四句为 5 个字）为主，其格式最早可追溯到唐代。歌会流行的曲调以大理州中部流行的剑川调为主，以龙头三弦或吹树叶伴奏，格律严谨。

剑川石宝山歌会是一项具有深厚历史底蕴和浓郁民族特色的传统节庆活动，是白族文化的重要组成部分。如今，剑川石宝山歌会已被列入为国家非物质文化遗产保护名录。

白剧：山花戏韵

白剧是大理白族自治州地方传统戏剧，以其古老的历史和精湛的表演技巧而闻名，是国家级非物质文化遗产。

明代洪武年间，从中原传入大理地区的吹吹腔戏和大本曲剧融合，形成白剧，在清代光绪年间最为盛行。演出时，演员身穿传统服饰，以不同的唱腔、舞蹈、动作等来演绎各种民间传说和历史故事。

角色有"生""旦""净""丑"之分，每个行当下再细分，如老旦、花旦、武旦等。音乐则包括唱腔音乐和伴奏曲谱两大部分：唱腔音乐由吹吹腔和大本曲两大类组成，同时还吸收改编了部分民间乐曲；伴奏音乐包括传统吹吹腔的唢呐曲牌、打击乐和大本曲的三弦曲牌，同时也吸收了部分民间吹打乐和歌舞乐。唱词形式基本上用白族诗歌常用的"山花体"格式，即每句唱词字数为"三七一五"或"七七一五"，人称"七句半"，用白语和汉语演唱，道白用"汉语白音"。唱腔曲调很丰富，有30余种，表演节奏鲜明，舞蹈性很强，韵致古朴，有严格而固定的程式。

白剧于1962年正式定名，剧目丰富，目前已有400多个，其中传统剧目300多个，代表剧目有《望夫云》《阿盖公主》《洱海花》《榆城圣母》等。

白剧是中国少数民族戏剧中具有典型地域文化艺术特征的优秀剧种，也是白族宝贵的历史文化遗产，具有深厚的民族特色和艺术价值，是白族人民智慧的结晶，也是中华优秀传统文化的重要组成部分。

霸王鞭：五谷丰登舞

白族的霸王鞭舞是白族民间 74 种舞蹈里最具特色，也是流传最广的传统舞蹈，主要盛行于大理市及洱源、剑川、宾川、云龙等白族聚居地区。

传统的霸王鞭舞所用的是一根 1 米左右的空心竹竿或者扁木条，其上会凿 6 个小孔，每个孔内安放两枚铜钱，代表一年的 12 个月，以此来寓意全年风调匀顺，五谷丰登。木杆头部通常还会扎上红绸花，杆身也会装饰得很漂亮，有的还会在尾部系上小铃铛。

起舞时，舞者持杆用两端有节奏地碰击自己身体的主要关节。

白族霸王鞭 杨继培 / 摄

带一本书去大理

霸王鞭舞欢快灵动，有祈福之意，除了在"绕三灵"等传统节日中，在白族人民的嫁娶建房等日常喜事中，人们也会随着喜庆欢乐的音乐跳起霸王鞭舞。

南涧彝族跳菜：舞盘盛宴

"彝族跳菜"流传于南涧彝族地区，是国家级非物质文化遗产。跳菜又叫"抬菜舞"，彝语叫作"吾切巴"，是一种起源于

南涧跳菜 杨继培／摄

古老祭祀的礼节性风俗舞蹈。早在1200多年前，在《南诏奉圣乐》伴奏之下的抬菜舞，已成为当时赫赫有名的宫廷舞蹈之一。

如今，每逢民间办宴席时，为表示对来宾的尊重，增添喜庆气氛，在上菜的时候，通常都会跳起这种传统舞蹈。

随着铜锣、唢呐响起，舞者将菜盘或捧或托或头顶，伴随着高亢欢快的乐曲，一边旋转起舞，一边上菜。甚至还有一些功夫了得的舞者，能用嘴叼着盘子上菜！他们脚步灵动，时而轻盈蹁跹，时而刚劲有力，装满菜肴的托盘上下翻飞，但是菜肴始终留在盘中，颇为考验舞者功力。彝族跳菜多为男子表演，充满张力，极具观赏性。

白族服饰：风花雪月

白族服饰作为白族文化的重要组成部分，展现了白族人民的审美观念。

白族人崇尚白色，传统服饰也以白色为主，整体色彩明快。除了寓意尊贵的白色，还常用红、蓝、粉等鲜艳的颜色，体现了白族人民乐观向上的生活态度。服饰图案也多为承载文化内涵、寄托民族情感的花卉、动物、天体等。

白族服饰种类繁多，按场合分，有生活装和节日装；按年龄分，有老年装、中年装、青年装、童装等；甚至每个县的白族服饰都会有各自的不同之处。

白族的"阿鹏哥"们会在头上缠上蓝色、黑色或白色包头，上身穿白色的对襟衣，外面套一件黑色或藏青色的褂子，下装主要是白色或蓝色的大裆宽腿裤，脚穿剪刀口布鞋。

爱美的"金花"们的服饰更精细，花纹也更加繁复。白族女性喜欢穿着白色、蓝色和红色为主的衣服。她们常常穿着白色的紧袖裳打底，外面套红色或者蓝色的褂子，在褂子的扣子上还会挂银制的小链子，腰间还会系着有生活气息的绣花短围裙或围腰。

白族服饰 吴下小雎 / 摄

白族姑娘的传统下装也和男性一样是长裤，长裤的主色往往是素净的白色。白族金花的整体服装色彩明艳，犹如上关开得正艳的花，那些欣欣向荣的花儿也化作纹饰，盛开在金花们的袖口、腰间和裤脚等部位。

白族姑娘也爱戴首饰，她们往往会佩戴金银等贵金属首饰，或者玉石制成的手镯和戒指，耳朵上闪闪发光的耳饰也少不了。在白族地区，养女儿的人家在姑娘成年后，都会为她准备一套华丽的银饰作为陪嫁，蛇骨链、麻花镯、雕花耳环和簪子，是其中必不可少的四件套。

尤其值得一提的是，浪漫的白族人民把大理最美的"风花雪月"收藏到了金花们的头饰（包头）上——垂在左侧的穗子被风吹拂时随风摇曳，是下关风的象征；爱花的白族人将艳丽的花朵绣在其上，代表着上关花；帽顶上细密的短须穗，似皑皑白雪覆在苍山，被视为"苍山雪"；为了方便戴头饰，包头的形状做成弯月，远远望去，像洱海里一轮明月的倒影，象征着洱海月。不过，白族姑娘头上的"风"还暗藏"玄机"：未婚少女的流苏长长的，垂至腰间；已婚女性的流苏就会短至肩部。未婚少女的流苏可是不能乱碰的，如果男子触碰，就有示爱之意。不问清楚姑娘心意就上手的话，说不准会得到一个心上人还是一顿老拳。

充满浓郁文化内涵和生态意蕴的白族服饰，是展示白族文化魅力的重要窗口。

八月瓜 赖函/摄

CHAPTER 10

喧嚣市集：
最爱那人间烟火气

曾有人说，想要真正认识和了解一座城市是否宜居，大概没有比去市集和菜市场逛逛，来得更快。

曾有人说，想要真正认识和了解一座城市是否宜居，大概没有比去市集和菜市场逛逛，来得更快。

到大理旅游，除了各大景点外，越来越多的游客选择去逛"街（gāi）子"，加入当地人，沉浸式体验他们的生活，感受这座城市的人文风情和生活气息，把它"装进"身体里。

大理山水形胜，古道贯通，是武林中多次出现的江湖之地。现实中的大理也有一个江湖，这个江湖便在市集中。市集功能齐全，整合了街边游击的小摊小贩。在这里万物皆可摆摊。大理每条热闹的市集街道，都有鲜明的特点，可以是美食前沿、艺术打卡地、手作人的天堂，也可以关乎有机农场、古玩钱币等。这里不仅仅是人们的汇聚之地，也是宠物和家禽们相互照面的地方。

清晨，当不紧不慢的脚步声响起，迈向菜市场，便踩在了当地人的调门上。到菜市场去吃地道的大理小吃，买最具地方特色的伴手礼，去发现日常生活之美，收获一次与众不同的出行体验。

传统市集

"赶街"是云贵一带的方言。每年农历三月十五日开始，赶街的人们从四面八方涌入大理古城，齐聚三月街，开始一场为期七日声势浩大的交易。这里是滇西第一大市集。若你正巧此时来到大理旅行，一定要加入其中，千万别错过这一期一会的盛大节日。

平时，三月街也是大理古城的街场，每间隔七天一个集，即农历每月初二、初九、十六、二十三可来赶街。三月街上集齐了石料、玉器、银器等代表大理的物产。

相比三月街，距离古城8000米的银桥镇上的"银桥市集"显得更加生活化和本地化，每月初五、十三、二十、二十八为固定赶街日，时间上与三月街的赶街错开。这里基本都是本地人摆摊，物美价廉，货真价实。除了固定的小食店，还有应季水果、蔬菜、竹编产品、大理石画等，游客可以骑电动车或者自行车前往。

在大理，几乎每天都可以赶街，自家酿的酒、手工编制的竹篮、木雕而成的冰箱贴、各种叫不上名字的草药和稀奇物件，摆满了各种摊位，人们流连其间，询问还价，交流寒暄，认真地感受每一个当下。

热闹的三月街集市 吴下小雎/摄

▎带一本书去大理

  周一可以去位于上关镇的沙坪村,集上的东西大多是刚从自家新鲜摘下的果蔬,是古城周边较大的市集之一;周三可以去洱海北部的沙坝街,上官镇兆邑村的沙坝街在大理久负盛名,聚集了沙坝乃至大理周边的农户和采买者;周四有喜洲市集,穿着白族传统服饰的当地人忙碌的身影,带着一种对生活的热情和欢欣;周五的右所市集上,兜售的物产围绕着大理四季的物候轮转,最能体现万物皆有其时;周六位于古城武庙的古玩市场,对老物件感兴趣的可以去凑个热闹。充满着朴实生活趣味的赶街是大理生活的缩影,没有人空手而来,也没有人能空手而去。

  还有以草药为主题的市集,它们是大理的"本草纲目"。正月初五的三文笔村的葛根会,端午节喜洲的百草集,草药都以便

美味春菜与各式南瓜 赖函/摄

宜的价格售出。在过节的名义之下，所有草药都被赋予了健康、平安、吉祥的美好寓意。

还有以其他节庆来约定的赶街。在火把节到来前，人们要去街上购买火把。无论是白族的三月街，还是彝族的火把节，通过赶街，大理灿烂悠久的文化和多姿多彩的民族风情尽显。

创意文艺市集

创意文艺市集形式多样，个性化很强，与音乐联系在一起，呈现出自然、包容、浪漫的氛围，吸引着年轻人交流与对话，成为大理城市文化的一部分。

"有样"市集的举办地灵活多变，经常会邀请一些小众音乐团体来表演，有时也会请到各民族的曲艺团队来表演，延续了生活的乡土风情。

四季街市位于古城洱海门外向南100米，它的前身是大菜市场，现在属于大理小有名气的艺术文化交流的创意市集，每周末定期开集两天，文艺青年爱去，也是遛娃的好去处。这里小饰品、小商品琳琅满目，不仅有乐队表演，还有民间艺术家的杂技表演，当然少不了小吃和咖啡。

特别是新移民带来了许多品质上乘的面包坊和甜品店，味道堪比北京、上海等一线城市。寻光农场位于古城南侧的田野，每两周的周日举办一次面包市集，赢得了许多碳水爱好者的心。阳光是最好的滤镜，喝咖啡、吃面包、拍美照是这里的幸福三件套。

■带一本书去大理

柴米多市集是艺术与美食的聚会，规模虽不大，但是内容丰富。它位于下鸡邑龙凤村，天气好的周六上午会如期举办。在这里除了可以买到面包、蛋糕外，还可以购买有机蔬菜、精酿啤酒、民族服饰、手工扎染等。

床单厂艺术区

从土味市集到趣味市集、文艺市集，大理安排得满满当当。新移民受老大理人的启发带来的创意市集，从人民路到洋人街，从床单厂艺术区到变压工厂创意园区，街头巷陌充满了传统与现代相结合的氛围。美丽的自然风光、厚重的历史文化、多彩的民族风情，为热爱艺术的人们提供了丰富的创造素材和灵感，通过一双巧手将美好和创意制作出来。

从苍坪街进入，越走越窄，越走越安静，路的尽头便是床单厂艺术区。这是由大理床单厂老厂房改建而成的艺术园区，集合了画廊、摄影博物馆、小剧场、银坊、咖啡馆等多种业态，赋予老厂房以新生命。市集复古又文艺，充满了年轻自由的气息。市集每个月8天，每周末都有，还会不定期举办展览，包容有着不同经历却同样对

喧嚣市集：最爱那人间烟火气

床单厂市集 飞翔的荷兰人 / 摄

艺术有所追求的人融入。这里的手作不同于工厂流水线，每一件物品都是创意独到的原创手工产品，吸引着来大理的人一探究竟。

逛菜市场和赶街已经成为大理人日常生活的一部分。中老年人爱逛，年轻人也迅速成为主力。这里有生活，有生机，成为当代人治愈自己的又一心灵休憩地。

在城市化进程中，这种古老又传统的赶街活动在很多都市人群的生活中逐渐远去，在大理却一直旺盛地存在着——在这里，吆喝声、搬运货物声、付款声、闲谈声交织在一起，不绝于耳，无一不是对生活的热爱，荒芜的心在这里都能孕育出生机。

其实慢生活的大理古城不适合走马观花。慢慢走、细细逛，你会发现，这座古城，不只有诗和远方，还有幸福平凡的人间烟火。

北门菜市场

大理最具烟火气的一处，便是大理古城集贸市场。更多的人叫它"北门菜市场"，这是因地理位置而得名，它位于古城苍山门北侧，由几条街道围成，是当地规模最大的菜市场。市场门口的一条巷子摆满了小摊，一直向西南方向的城墙延伸。

这里是大理古城一天中最先醒来的地方，早上8点，北门菜市场已经迎来它的早高峰，各个街道的出入口熙来攘往，一派繁忙之景。好吃、好逛的都在这条街道上，本地人也会首选这里开启一天的生活。价格公道，货品实在，朴实的卖家不会宰外地客人，是个能很好体验本地生活气息的好地方。

喧嚣市集：最爱那人间烟火气

海菜花 吴下小睢／摄

可食用的玫瑰花 吴下小睢／摄

石榴花 吴下小睢／摄

货品种类繁多，按区分类，稳定地提供着人们日常生活所需：新鲜水灵的瓜果蔬菜整齐摆放上架，鸡鸭同笼挨挨挤挤待在一起，接地气的城市模样就在眼前；色彩艳丽的民族服饰让人挑花眼，大开眼界的各种调料让生活更有味道；稀豆粉、破酥粑粑用它抓人的口味，吸引着食客有序地在摊位前排起队伍；清晨刚刚在苍山上挖到的鸡枞，正在被认真挑选。随着人群慢慢涌动，背篓被朴实的能量不断填满，身后背着的是热气腾腾的日子。

在北门菜市场，人们可以一边买菜，一边买花，想必这也是它被称为"最美菜市场"的原因。大理人种花，赏花，更以花入馔，吃法丰富，孕育出独特的食花文化。

春天的金雀花甘甜鲜嫩，当地人习惯用它来炒鸡蛋；白杜鹃花是白族食用鲜花中比较传统的品种，也是招待贵客的一道菜肴；到了清明节时，玉荷花被风一吹纷纷掉落，用它来炒菜，每一次送入口中的都是春野山谷；传说每年农历五月初五，是白族花神娜枝的生日，这一天白族人们以花卉为主料，做花馅包子、花粉饮料、花粥来祭祀花神；入夏，石榴花开，可以用它来炒腊肠、韭菜，很有嚼头；按照大理的习俗，中元节时，家家的餐桌上少不了芋头花的身影；玫瑰上市的季节，便有了香甜的玫瑰花酱、玫瑰花饼、玫瑰花酒，体味着对自然的追求；到了冬天，可以用山茶花炒豆米，颜色上一红一绿，口感上一脆一糯，相得益彰。

聪慧的大理人运用四季花开不败的环境优势，经世代相传，带着他们对食花的理解和民俗文化的信仰，延续着自己的饮食文化。

南门菜市场

每逢樱花盛开,博爱路便成了赏樱网红路。这条路的两端有两家菜市场,除了北门菜市场,另一个就是位于绿玉路 111 号的南门绿玉农贸市场了。樱花相伴,让去菜市场的路也变得浪漫至极。

南门菜市场下午两点开始营业,黄昏时散去。虽然规模比北门的小一些,但货品一应俱全,毫不含糊,接受着当地人和来自五湖四海的游客们的检阅。这里有许多特色小吃,但是要抱着排队才能吃到的心态耐心等待,花椒鸡、卷粉、米糕、凉虾、卤肉等让人垂涎欲滴,被称为"最好吃的菜市场"。

当地人常逛的下关泰兴过渡市场,位于建设路,这里海鲜、干货、蔬果应有尽有,可以享受一站式购齐。到了七八月,菌子的种类更加丰富,且价格实惠。来大理的菜市场逛逛,感受大理的慢生活。

南门绿玉农贸市场 吴下小睢 / 摄

■ 带一本书去大理

菜市场上琳琅满目的菜 赖函 / 摄

喧嚣市集：最爱那人间烟火气

CHAPTER 11

食在大理：
舌尖上的"非遗"

就算是原本平平无奇的食物，经过大理人的巧手，滋味也会别有洞天。

野豌豆花，大理人春日餐桌必备美味 赖函 / 摄

生活在洱海边，这里的水产菜肴花样百出。湿润的空气让大理成为天然草场，除了鲜奶、乳扇等乳制品种类众多，这里的植物也多样，有很多别处少见的蔬菜和果子。

来大理旅游，不能错过当地美食。滇菜虽然不曾位列八大菜系，却有着独树一帜的特点。

受气候、地形、风俗习惯等因素影响，大理的空气里飘着美食的香气，调动着旅人们的嗅觉，刺激着人们的味蕾，写着各种特色小吃字样的招牌更是把人馋到了心里去。

生皮，拒绝回锅的特色肉食

生皮风靡大理，是白族的一道传统名菜，小到市集、小餐馆，大到饭店、酒楼，都有生皮出售。它并不是全生的猪肉，而是去除猪毛，刮洗干净，经过麦秆或者稻草的多次烧烤，呈现出金黄色，已达七八分熟的肉皮。只选"不见天"的部位——猪肚、两肋的带皮五花肉，连皮带肉取下，肉切成细丝，皮切成块状装盘，和着当地的调料蘸取食用，并无腥味。除了常规调料，还有用大理盛产的核桃舂碎，加上洱源的炖梅做成的蘸水。

村里每逢请客，这道菜必不可少，是待客的最高礼遇。上午杀猪，一般中午吃生皮，此时最新鲜。即便不隔天，晚上的生皮也会被认为不再鲜了。爱生皮的大理人恒爱之，不敢吃的外地朋友心生畏惧。有人说不吃一次生皮，就不算来过大理。第一次到大理的朋友要量力而行。

生皮 杨继培 / 摄

喝三道茶，品人生三味

　　白族三道茶，白族称它为"绍道兆"，作为民间礼宾待客的传统礼俗，可以追溯到唐朝。南诏时期，三道茶是南诏王招待各国使臣的饮茶礼，后来传到民间，成为长辈对晚辈求学、学艺、经商，以及新女婿上门时的一种礼俗。后来经过改良，流传至今，成为白族人民婚庆、节日、待客的茶礼。

　　从制作到敬茶、品茗，三道茶有着十分讲究的仪式。在一些大型公开的场合，多半还会融合白族传统歌舞形式加以呈现。在家中待客虽然没有歌舞，但是宾主围炉聊天，慢酌细品三道茶滋味，亦是人生快事。

■ 带一本书去大理

　　品三道茶，品的是一种心情，也是人生三味。头道茶是"苦茶"。把本地产的沱茶放进特制的小砂罐里上火焙烤，等到茶叶噼啪作响，也就是烤脆、烤香、变黄时，冲入沸水，等到茶水变成琥珀色再斟少许到小茶盅里，请客人小口品饮。这道茶有烤茶的特殊馥郁，茶浓而味苦，象征年轻时为生活努力打拼吃过的苦头。二道茶是"甜茶"，通常会用大理名茶感通茶，加入切得薄薄的核桃仁片、细丝状的乳扇，以及红糖，甜中带有果香、奶香的味道，十分好喝，所用的茶盏也大如小碗，客人可以痛快畅饮。这道茶像中年无忧又甜蜜的生活。第三道茶是"回味茶"。里面放了蜂蜜，加上少许花椒、姜片、桂皮末为作料，茶香混合着麻辣香甜于一体，有很长的回味，像极了年老时回首一生的各种际

白族三道茶　杨继培／摄

遇，个中滋味唯有自己才能体会。三道茶融入了白族人民对生活的理解，智慧地将"一苦、二甜、三回味"的人生意味赋予茶中，让更多的人感受到了民族茶饮文化的魅力。

如今，白族三道茶已成为国家级非物质文化遗产。

诺邓火腿，"盐值"高

纪录片《舌尖上的中国》中诺邓火腿 6 分钟的亮相，使云龙县这个古老的村落和沉淀了千年传统的火腿真正被人们知晓。

诺邓火腿的制作技艺非常悠久，相传大理国时期它便作为贡品进献给皇室。到了明代，井盐贸易兴盛，商贾云集，盐成为诺邓的命脉，诺邓火腿也成为名特产品。清代时，诺邓火腿通过南方"丝绸之路"出口越南、缅甸、印度等国。诺邓火腿好吃的秘密，除了当地独特的地理气候提供了其自然发酵所需要的温度和湿度外，有着千年历史的诺邓井盐对其风味的加成功不可没。诺邓井盐最大的特点就是富含钾，不咸无涩感，有一种天然的鲜。好盐，造就了诺邓火腿独具的美味。

每年立冬到立春的这段时间，正是村里家家户户腌制火腿、熬盐的最佳时节。选取当地散养的黑毛猪后腿肉，将盐均匀撒在上面反复揉压。看似简单，用盐量、力度轻重全靠经验。一条火腿需要三斤左右的井盐。由于盐具有促发酵和保鲜的作用，火腿在熟化的过程中不腐不坏，反而形成了有益菌落，在晾房里悬挂三年后，达到可以生食的级别。切开后，香味也随之散了出来。

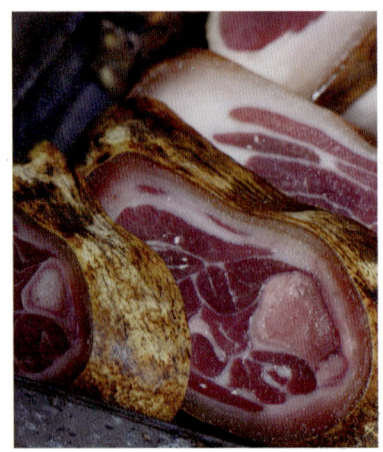

香味浓郁的诺邓火腿 赖函／摄　　　　　　　　　云龙诺邓火腿 杨继培／摄

诺邓火腿内里呈现透亮的红宝石色泽和漂亮的纹理，皮肉饱满，看着就很有食欲，尝一口，味道咸鲜带甜，肉质精瘦脂肪薄，回味悠长。

砂锅鱼，大理名菜

砂锅鱼是大理的地方名菜，以鲤鱼为主料，用祥云地区出产的砂锅进行炖煮，锅中放入海参、鱿鱼片、干虾米、鲜肚片、火腿片、排骨、鲜肉丸、蹄筋、玉兰片、冬菇等十余种食材，用最简单的调料佐味，上菜时以盘衬托，菜叶为铺垫，锅中沸腾，整道菜色彩绚丽，分量很足，香气扑鼻，口味鲜嫩丰富。

这道菜的来历，据说和一件有意思的轶事有关。古时有个叫张小三的穷小子，常去酒家，把有钱客人吃剩的饭菜打包带回家。一次店里有富人大宴宾客后，剩下很多昂贵的食材，有海参、蹄筋、鱿鱼、火腿、冬菇、笋片等，张小三把它们都带回家，一股脑儿放入砂锅炖煮，正巧家人从洱海里捕到一条弓鱼，于是一起下锅烹饪，意外发现美味至极。张小三欣喜之下，自立门户，开了一家专卖砂锅鱼的饭店，生意红火，从此这道砂锅鱼就成为大理名菜，并流传至今。

大理盛产鱼，大理人爱吃鱼。除了砂锅鱼，酸辣鱼也是当地家家必吃的一道佳肴。选取新鲜的鲫鱼，配以青红椒、乌梅等原料，晒干的酸木瓜清爽独特的酸香味为这道菜的风味上大分，红汤浓郁，酸辣鲜香，让人胃口大开。

大理酸辣鱼 吴下小睢 / 摄

喜洲破酥粑粑，大理美食名片

"粑粑"是西南地区人们对饼类食物的统称。喜洲破酥粑粑有咸甜之分，满足着人们对更多口味的需求。"破酥"是酥烂的意思，油脂在烤制过程中受热膨胀溢出，这是粑粑特殊口感的来源。饼皮金灿灿的，鲜味在烘烤中得到升温，酥脆的外皮咬开后扑簌簌地掉渣，饼里则松软有嚼劲。等待美食出锅的过程让人焦急又期待，全神贯注看着粑粑制作的每一个环节：先将面团在案上揉成圆形，均匀撒上红糖玫瑰或者豆沙便是甜口的，咸口的是撒上猪肉末，入铛或者用炭火烘烤，一面烤熟，刷油，给粑粑翻面，再将另一面烤熟。一番行云流水的操作之后，大理有名的特色小吃便完成了。

对半撕开，粑粑层次分明，馅料露出，香气入鼻。破酥粑粑早已成为喜洲的美食代言，喜洲古镇四方街、市集、海舌公园到处都有它的香味，大理古城、菜市场里也有它的身影，价格每个4~10元不等，颇受食客喜爱。

喜洲粑粑 刘诺一/摄

到"蘑界",吃菌子火锅

云南人叫蘑菇为"菌子"。大理是野生菌的产地,种类之多,很多本地人都未必能够认全。随着夏日雨季的到来,野生菌开始生长,菌子漫山遍野地冒出来,在野外恣意狂欢,逐渐壮硕,它们凝聚着山林间的清新滋味,带着泥土被一一采下。也有一些有微毒的菌子,人们贪恋它的鲜美,通过完全煮熟的方式来规避"见小人"的风险。当地的人们将吃菌子的方法发挥到了极致,其中最豪迈的吃法,当数菌子火锅。

和其他地区的火锅不一样的是,这里的菌子火锅用煮不用涮,韵味都在汤中,先喝菌汤,再吃菌子。慢火熬制的鸡汤或者猪骨汤底,十分滋补。菌子们有黄色、白色、青色,有细细长长的、粗壮敦实的。菌与菌搭配着,各有各的味道,满满当当聚在一起,相得益彰。味轻的先入锅,如带着伞裙的竹荪;味重的后入锅,如形状怪异、味道霸气的黑虎掌菌。等到煮熟的菌子与油脂的醇香完全结合时,汤的醇厚中就有菌子的鲜香,让人口颊生香,暖意落肚。

清爽的竹荪是菌子中易熟的种类,美容养颜的青头菌,一口咬下便会爆汁。作为菌中大家族的牛肝菌,身形壮硕的黄牛肝菌,每一片都像在吃素的余肉片,搭配蘸料,味道更为丰富。白葱菌形貌各异,肉质肥而爽脆。羊肚菌脆口有嚼劲……大自然对这片土地的馈赠,使大理成为取之不尽的野生菌的王国。

鸡枞菌清甜脆嫩,被称为菌中之王,是大理人乃至云南人魂牵梦绕的私藏顶级美味。在自然界,它是和白蚁共生的菌类,白

每年夏季，大理山中可以采到各种菌子 廖冲霄 / 摄

蚁构筑蚁巢的同时培养了鸡枞菌的菌丝体,形成一个共同的生态系统。采摘之后,鸡枞会随着温度变化继续张开,质细丝白,类似鸡肉。鸡枞菌的吃法很多,炒煮煲汤皆宜;也可以做成鸡枞油,成为米线、面条的最佳伴侣。

菌子火锅
吴下小雎 / 摄

鸡枞油 吴下小雎 / 摄

在大理，米的 N 种吃法

大理人把对大米的美味研发，发挥到了极致。米线、饵块、饵丝、卷粉，都是以大米为原料，虽然"系出同门"，但是滋味又各不相同。

饵块。大米加工制成米面，做成不同的形状，块状和片状的是饵块，细长扁条状的是饵丝。饵块吃法很多，可煎可烤。大理人习惯把烤叫作"烧"，一个烧饵块从上炉到烤好，不超过三分钟，是很多大理人的早餐选择。软软糯糯的饵块还可以搭配香肠、油条等，根据个人喜好刷上不同的酱料，米香和酱香一同融化在口中。

粑肉饵丝。巍山人的一天是从一碗粑肉饵丝开始的。饵丝选用当地有名的黄谷米制成，经沸水烫煮后，饵丝不糊不烂，质地筋润爽滑，配上肉质酥烂而不散的粑肉，让人垂涎三尺。

凉鸡米线。大理人无法割舍的家乡口味，筋道的米线加上撕得细细的凉鸡丝，再配上烫熟的绿豆芽和韭菜，加上香酥的核桃碎、花生碎和各家秘制的卤汁，美味无与伦比。这款小吃之所以人气旺，完全是因为本地人、外地人都能轻松接纳。口味偏甜酸味，喜欢吃辣的还可以加辣椒油。

漾濞卷粉。将浸泡过的大米研磨成浆，制成洁白的米皮。想吃凉卷粉，就刷上酱，淋上麻油，撒上葱花、豆芽菜、花生碎、泡菜等，卷成筒状，味道浓郁，是夏日的好味道。烫煮后配上高汤的卷粉，也令人惊艳。微弹的卷粉吸附了汤汁，入口即化。

食在大理：舌尖上的"非遗"

巍山炮肉饵丝 吴下小睢/摄

凉鸡米线 吴下小睢/摄

漾濞卷粉 魏策/摄

■带一本书去大理

大理，那些神奇的果子

在大理，水果摊上四季都有新鲜的果子供人挑选，本地人司空见惯的水果，在外地游客眼中却成了他们寻味的"新大陆"。仙人掌果其貌不扬，像个发育不良的小葫芦，外皮坑坑点点，里面却是红艳艳、软糯糯的果肉，热情的菜市场摊主会把剥好皮的果子递给人们，香甜的味道令人赞不绝口。金黄的刺梨像个带刺的小灯笼，汁水丰满，尝起来酸酸甜甜的。八月瓜外表有几分像大号的紫薯，熟透的果子会炸开，露出里面白色的果肉，像极了笑得合不拢的嘴。咬上一口，口感滑嫩，味道甘甜。还有一些与众不同的特殊果："黄松咩"，模样看上去就是金黄的"树莓"，口感鲜甜；红彤彤的火把果，是沙棘和枸杞在云南的"远亲"；"鸡嗉子"，像长得丑丑的荔枝，吃起来酸酸甜甜，有一丢丢苦味……各种神奇的果子，令人目不暇给。

那些神奇的果子 吴下小睢/摄

就算是原本平平无奇的水果，经过大理人的巧手，滋味也会别有洞天。比如遍布大理的各色梅子店，梅子口味众多，甜中带酸，生津止渴，是大理人喜爱的零食。尤其值得一提的是大理雕梅，是源自千年之前的"雕花蜜饯"，不仅美味，其制作工艺之精巧，也令人咂舌。巧手妇人将清洗后的青梅用刻刀拦腰刻出一排刀痕，将梅核从中挤出，梅肉轻轻压扁，就形成了菊花一般的造型，再将梅饼加入蜂蜜等一同密封浸渍数月即可。

八月瓜 赖函/摄

■ 带一本书去大理

乳扇，大理奶酪

乳扇是深受大理人民喜爱的一种传统奶制品，有人称其为"大理奶酪"，是在煮沸的鲜牛奶中加入酸木瓜酸水，发酵转化，制成薄片的干酪，呈乳白、乳黄色，闻起来有淡淡的乳酸味，可以直接吃，也可以油炸、煎烤，或者加入其他食材做成菜。

乳扇也是历史悠久的传统小吃。明代文学家杨升庵在《南诏野史》中提到的"酥花乳线浮杯绿"，就是指乳扇。《南诏野史》是以《白古通记》为蓝本写的，可见600多年前便已有乳扇。

大理人民的餐桌上少不了乳扇，古城的街头巷尾，也常常能看到烤乳扇的摊位——将一片乳扇在炭火上烤软，抹上玫瑰酱等，卷起来插上竹签，便是一道可以解馋的小零嘴儿。

晾晒乳扇 杨继培/摄

食在大理：舌尖上的"非遗"

　　除了乳扇，乳饼也是富有大理特色的奶制品。大理的风味小吃还有包浆豆腐、稀豆粉等豆制品，米凉虾、玫瑰酒、玫瑰醋、甜白酒等也不容错过。

抹了玫瑰酱的烤乳扇　飞翔的荷兰人 / 摄

包浆豆腐　吴下小睢 / 摄

永平黄焖鸡，街上的"霸主"

用永平当地散养的土鸡，佐以特制的酱料，在滚油中炒出香味，加上多种中草药慢火炖煮，就有了正宗的黄焖鸡。黄焖鸡风行整个滇西地区，吸引着四方游客寻香而来。这道美食色泽金黄，鲜香味佳，油而不腻，辣而不燥，非常考验火候和调料配比，佐餐时配以永平泡大蒜、泡红椒更能彰显地方风味。

永平黄焖鸡起源于博南古道，那里曾是经济贸易的"南方走廊"，也是历代朝廷传递公文的驿道，当地人做出美味的黄焖鸡，招待驻守驿站的官员，以及过往的商贾、马帮。这道名菜不仅成为博南古道这片土地上的一份光荣，更是永平人的骄傲。

此外，遇到特殊场合，如婚庆大宴时，白族人要吃八大碗，

黄焖鸡 杨继培/摄

分别是粉蒸肉、千张肉、酥肉、吹肝腊肠咸蛋拼盘、红曲肉、木耳烩豆腐等，荤素搭配、色彩丰富、味美可口，且寓意美好。鹤庆米糕软糯香甜，老少皆宜，寓意步步高升。有干糕和水糕之分，是馈赠亲朋好友的不二之选。

卷蹄是弥渡县的一张美食名片，是用当地特有的传统手工技艺发酵而成的肉制品，做法讲究，工艺复杂。猪蹄剔去骨，塞入腌好的肉条，将整个猪蹄腌至三四天后，再用稻草扎紧蒸熟，封坛等待。红曲的作用让纹路极其漂亮，切片的卷蹄像火腿，又似香肠，酸香鲜嫩，冷热食用皆可。

大理美食种类繁多，富有浓郁的地方特色和民族特色。美食里饱含大理人对家乡的喜爱，彰显了他们骨子里的勤劳和实在。

弥渡卷蹄 杨继培/摄

王一非 / 摄

CHAPTER 12

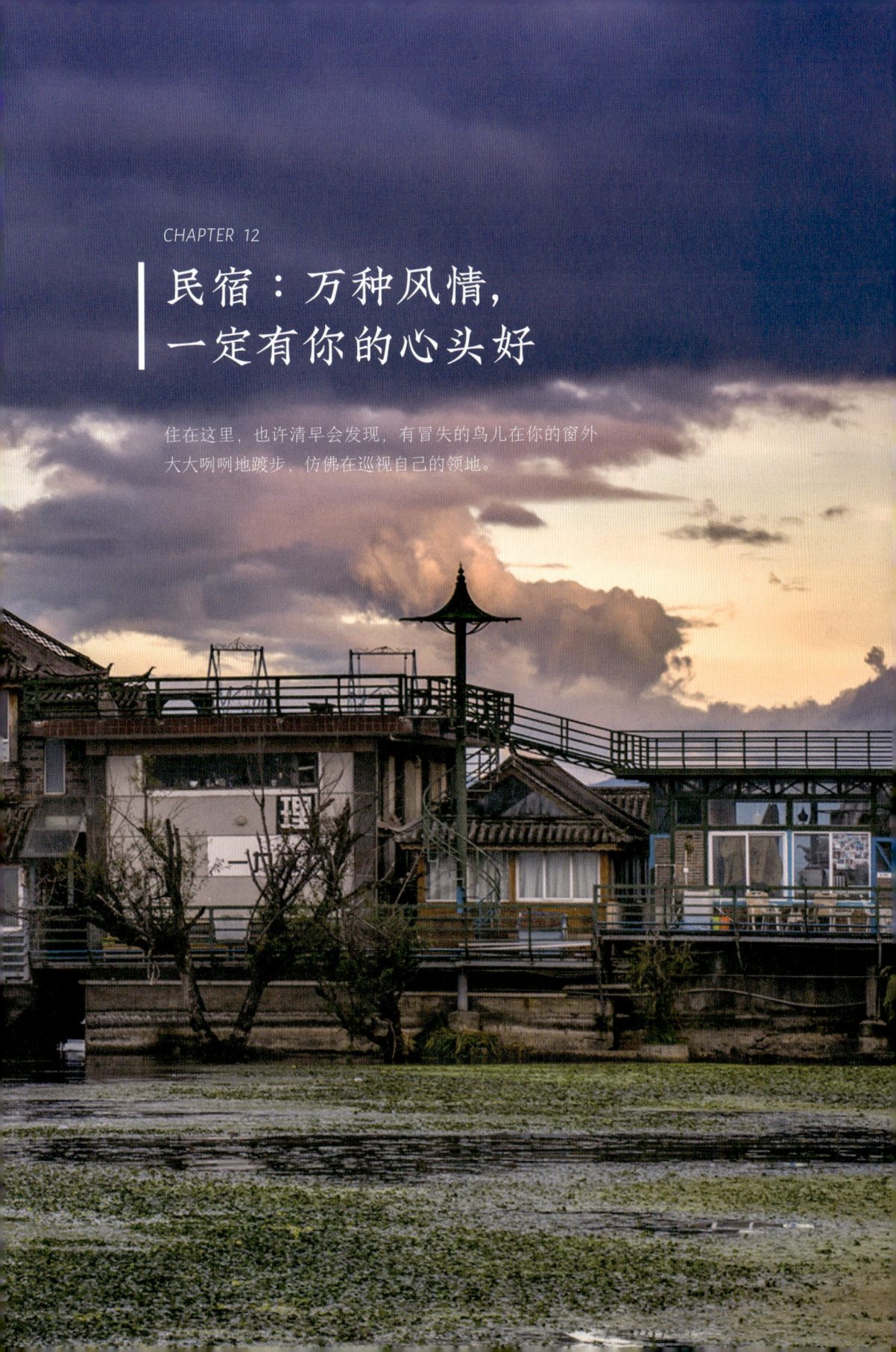

民宿：万种风情，
一定有你的心头好

住在这里，也许清早会发现，有冒失的鸟儿在你的窗外
大大咧咧地踱步，仿佛在巡视自己的领地。

■ 带一本书去大理

　　大理有凤仪机场和大理动车站，从外地过来交通比较方便。
　　来大理旅游，有几个比较集中的住宿区可供选择，大理古城、龙龛码头、S湾、才村、喜洲、双廊、小普陀、文笔村等，当然，也可以住在下关城区，逛街会很方便。

古城：市井繁华，爱热闹首选

　　如果您是个"E人"（性格外向的人），想要更好地感受市井的繁华烟火气，首选自然是住在大理古城及周边的民宿。这里周围景点最多、最密集，民宿客栈遍布；从早到晚，吃喝玩乐等各项选择也最为丰富，生活、出行都相当方便。
　　夜游古城后，溜达着就能回到住宿的地方，十分方便。

大理古城的民宿 吴下小雎/摄

古城周边的住宿，可供选择的范围非常大。除了现代的连锁酒店品牌，就连民宿也是十分个性化。有高端奢华的别墅，简约大气的新中式风格装修的客栈，还有浪漫温馨的地道白族民居。这里的民宿很多都有山景房，在客房的露台上，甚至躺在房内的床上，透过巨大的窗框，就能看到终年积雪的苍山，十分惬意。

古城周边的民宿，常年应对高客流量，服务都非常完善。很多民宿就是当地居民世代居住的自家房子，入住这样的民宿，每天早上店主会像招呼自己的家人一样，叫你一起吃早餐。逢雨天或者你不太想出门的时候，还可以在院子里一边和店主摆谈，一边喝他们收藏多年的普洱老茶，或者来一杯云南手冲咖啡。

这样的时光，美好又静谧。

海西：陪你一起看日出

想要看洱海日出，海西是上佳之选。海西的民宿，以海景房为特色，普遍集中在龙龛码头到S湾沿线，总体价格比较实惠，平时两三百就能住到还不错的。还可以随时骑自行车逛逛洱海生态走廊。

龙龛码头在海西线上，以前是船只停靠的渡口，现在游船全部撤走，留下周围连成片的白族民居和取而代之的民宿。海西生态廊道沿线的村落建了不少海景度假民宿，无一例外都是面海的宽敞庭院，方便住在这里的游客随时观景。

与双廊繁华的人间烟火气不同，龙龛村至今还保留着大理白族人最原汁原味的住宅，因此，这里的民宿位置颇有几分世外桃源的意味。大多数民宿的服务也十分与时俱进，贴心周到。这里交通方便，通常步行到龙龛码头十几分钟，离古城也不算远，打车 10 分钟就可以到达。

龙龛码头北边的才村，也有不少民宿。甚至住在沿岸的民宿里，足不出户就能看到美丽的洱海日出。

洱海西岸中段是马久邑村，洱海在这里形成一个湾，湖面变得宽阔起来，马久邑就在豁然开朗之处。如果你想远离尘世喧嚣，体验地道的大理乡村魅力，可以选择在这里下榻。这里的民宿看

临水而建的海西民宿 吴下小雎 / 摄

洱海的视线很好。正因为这个湾，它比洱海沿岸其他地方滩浅鱼虾多，每年冬天来这里过冬的红嘴鸥数量也最多。住在这里，也许清早会发现，有冒失的鸟儿在你的窗外大大咧咧地踱步，仿佛在巡视自己的领地。拿一块食物放在掌心，胆大的海鸥甚至还会飞过来吃。

其实整个海西的风景非常相似。如果想要追求更高的性价比，避开龙龛码头、才村、S 湾这样的热门景点，选择入住马久邑、下鸡邑、崇邑村这样相对冷门一点的地方，价格通常只有前者的一半左右。

海东：落日余晖中的美丽剪影

和海西相比，海东更适合自由散漫的游客。如果你懒得早起看日出，只想欣赏金乌滑入洱海的美景；如果你不打算骑行，想要自驾环游洱海，或者干脆只是慵懒地待着，哪里也不去，不要犹豫，海东是个下榻的好去处。这边的民宿价格两极分化比较明显。

如果你预算充裕，可以选择双廊古镇，这里有海东最贵和最好的海景房，也是洱海沿线民宿中周边配套生活设施最齐全的地方。要知道，在大理，只有双廊保留了百分百靠海的民居，有的民宿，甚至房间的阳台下就是碧波荡漾的洱海！这样的入住体验，经常令住过的客人感叹不虚此行。

挖色小普陀到文笔村沿线的海景房，相对便宜很多，性价比

双廊 吴下小睢 / 摄

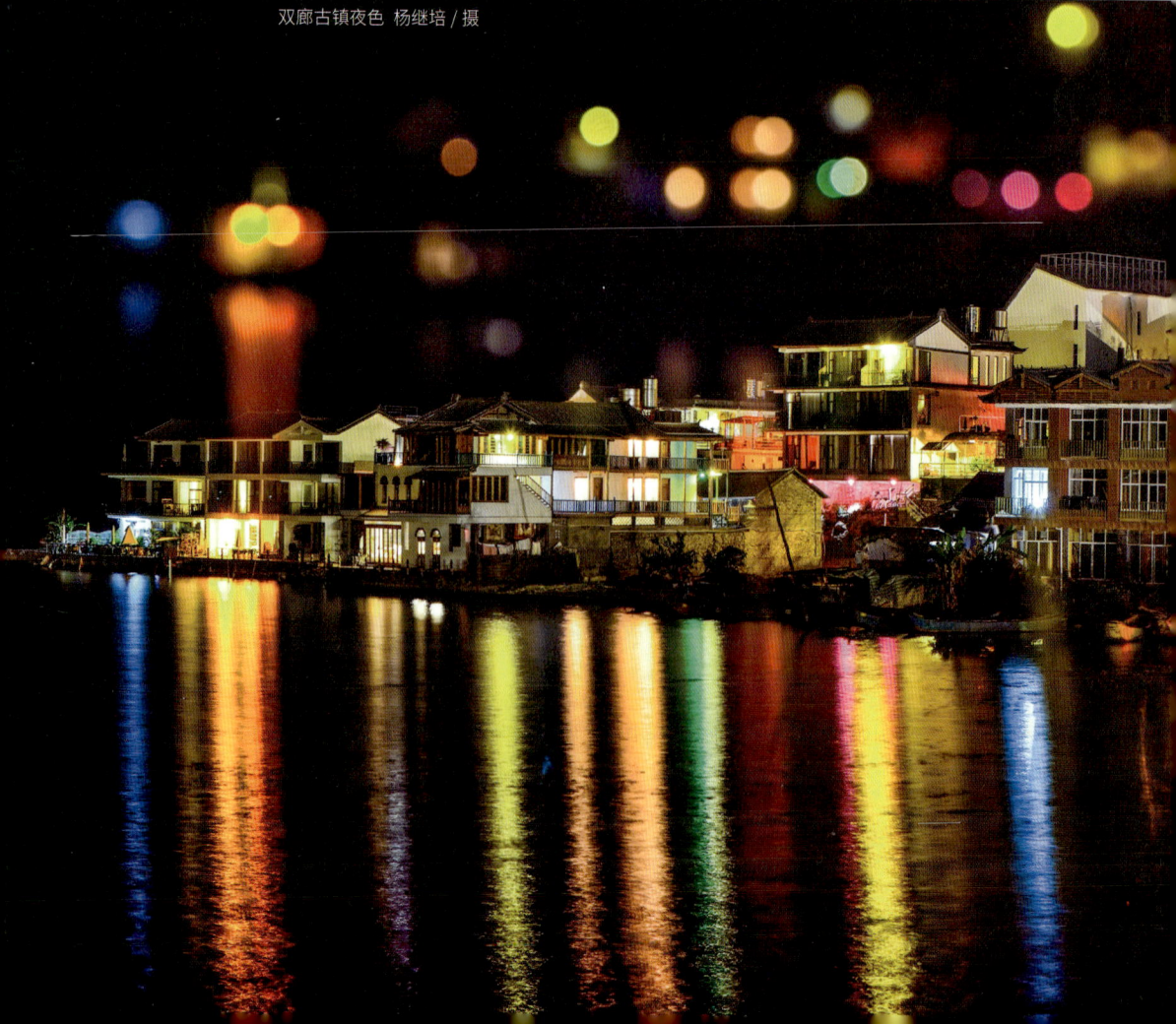

双廊古镇夜色 杨继培 / 摄

更高,价格甚至还不到双廊古镇的一半,景色依然迷人,出行和前往洱海边也很方便。当然,如果你不介意比较浓重的商业味道,海东理想邦那里也可以入住,打卡拍照非常出片。

喜洲:成为"网红"的千年古镇

前些年,喜洲古镇一直属于小众旅游地,这两年由于自媒体迅猛发展,曾经只有资深背包客才会光顾的小镇,成为热闹的网红打卡地。

随着咖啡文化成为喜洲的独特标签,基础设施也逐渐完善。热爱现代咖啡文化,又想感受古镇千年遗风的游客,可以选择这里下榻。这里有好几个民宿,原本都是历史名宅,建筑风格秉承了典型的白族民居特色。入住其中,不但可以感受地道的白族风情,还可以体验一下曾经的巨贾生活。当然,入住这样的民宿,必然价格不菲。

比如距离转角楼不远的城北村西头,原是喜洲商帮著名商人杨品相先生的杨家大院,整个建筑气势恢宏。尤其"杨家门楼",被称为"喜洲三宝"之一,攒角飞檐,斗拱层叠,在蓝天的映衬下颇显华美之气。作为喜洲古镇的文化地标,今天它以"喜林苑"的形式被大家重新认识,占地1800多平方米,一进两院,保留了白族特有的三滴水门楼。除了可以住宿、用餐,每天下午1点到5点,大院内的第一个院落对外开放,供游客参观。

▌带一本书去大理

民宿：万种风情，一定有你的心头好

喜洲古镇一角 杨继培/摄

| 后记

古城一隅 马玺皓/摄

后记

去年夏天，中国民族文化出版社邀我加入这套大型文旅书籍的创作工作，担纲大理州的文字撰写。作为一个离乡多年的大理金花，能有机会为家乡的宣传出一份力，深感荣幸。

身为白族女子，对于家乡的热爱和挚诚是流淌在血脉中的；我很感激这次创作机会，让我可以再次拥抱家乡的山水，再次品尝那些只存在儿时记忆中的大理美食。

回家路上，我的眼前如走马灯一样闪过童年往事：我在古老的茶马古道上奔走嬉戏，那是每天都能吃着漾濞核桃的快乐时光。隔三岔五，拿着父亲给的零花钱，在电影院门口买上两三分钱一小酒杯的瓜子，或者五分钱一份的卷粉，细细品尝。周日，也会在父亲的带领下，在清碧溪边戏水……

那样纯粹的快乐，那样美好的回忆，都藏在记忆中，被锁进了一个叫作"大理"的"盒子"里。

怀着一定要将家乡的美丽分享给更多人的坚定信念，我与阔别20载的家乡久别重逢。

彼时，我的女儿11岁，这个小小的白族姑娘从来没有回过大理，她只能从我的描述里得知大理的美好。这趟旅行，我带上她，让"小金花"去亲眼见识一下玉洱银苍的壮美。踏上大理土地的那一刻，记忆扑面而来，亲切、温暖；似曾相识的熟悉感中，又掺杂了一丝陌生的新鲜感。而我的女儿，对于大理的亲近与热爱仿佛是封印在DNA里的，一到这里便自动解锁：苍山山腰的云、洱海边的红杉、白族民居上的彩绘、屋檐上的瓦猫、街边的小吃……每一样都让她欣喜惊叹。

回京之后，重启大理记忆的我开始着手创作文稿。深深爱上大理的女儿，自告奋勇要参与到写作中来，让她试写几段，竟然不错，文笔虽然有些稚嫩，但是洋溢在字里行间的真情实感，颇为难能可贵。

历时10个月，这本书的文稿初稿终于创作完成。然而对于书中的细节，我的心里却仍有几分忐忑，毕竟上次回大理太过匆匆，而我儿时的记忆又有点久远。这本书，能否真的为每个想去大理的旅人带来实际有效的全面帮助？

实践是检验真理的唯一方法。既然这本书叫《带一本书去大理》，干脆，我就带着这本书再去一趟大理，按着书中所写的行程攻略，看看如何！

在家人的全力支持下，我再次踏上了家乡的土地。我按照书中所写的游览顺序做了详尽攻略，开启这次"大理深度文化旅游"。

幸运的是，在大理期间，连续数日都是晴天！阳光明媚，让苍洱风光更加动人，我与摄影师惊叹于大理的绝美景色，真是一步一景，随手一拍都是大片！

我们在蝴蝶泉边拍到美丽金花跳的霸王鞭；还有穿着传统白族服饰、弹着龙头三弦的老爷爷；龙女花的花期虽过，可是感通寺住持传慈法师弥补了这个遗憾……

大理人民和这片土地一样：热情、真诚，在大理的每一天，都觉得"所遇皆甜，诸事顺遂"。

冥冥之中，仿佛有苍洱之间的神明在护佑此事，心中不胜感激。回归后，我修正、调整了文稿中个别之处，同时也收获了大量美图，想到此书更趋完善，不胜欣喜。

苍山不墨千秋画，洱海无弦万古琴。

后记

　　此趟大理之行，我和摄影师真是拿着这本书稿前去，请相信：我替大家验证过了，带上《带一本书去大理》，去大理，足矣！

　　在书稿创作过程中，得到了很多领导和亲友的帮助，在此深表谢意：寸丽香先生、尹樱女士、王雅琴女士、杨聪先生、李梅女士、晁勇先生、演海法师（以上排名按姓氏笔画为序），我的弟弟罗睿和杨鹏飞。

　　最后，特别感谢大理州委宣传部及白枝云先生对这本书的大力支持。

魏策
2024 年 7 月 5 日

KIM/摄

温一壶/摄

图书在版编目（CIP）数据

带一本书去大理 / 魏策, 刘诺一著. -- 北京：中国民族文化出版社有限公司, 2024.8.（2025.1 重印）--（中国这么美的 30 个自治州）. -- ISBN 978-7-5122-1934-2

Ⅰ. K928.974.2

中国国家版本馆 CIP 数据核字第 2024AW1033 号

带一本书去大理
Dai Yi Ben Shu Qu Dali

总 策 划	刘彦明
执行策划	赵 天
作 者	魏 策 刘诺一
责任编辑	张晓萍
封面摄影	廖冲霄 马玺皓
排 版	姚 宇
责任校对	李文学
出 版 者	中国民族文化出版社 地址：北京市东城区和平里北街 14 号
	邮编：100013 联系电话：010-84250639 64211754（传真）
印 刷	小森印刷（北京）有限公司
开 本	710mm×1000mm 1/16
印 张	17.5
字 数	200 千字
版 次	2024 年 10 月第 1 版
印 次	2025 年 1 月第 2 次印刷
标准书号	ISBN 978-7-5122-1934-2
定 价	78.00 元

版权所有　侵权必究